住んでいるのに全然知らない!?

「住まい」の秘密 〈一戸建て編〉

加藤 純

Jun Kato

JIPPI Compact

実業之日本社

はじめに

ごく身近にあるのに、知っているようで意外と知らない。家は、そんな存在かもしれません。日本では新築の戸建住宅が、ひと頃に比べると落ち込んだとはいえ年間に数十万戸が生まれています。身のまわりには家が常にあり、外も室内も見慣れているはずなのに、家の中身がどのようになっているのかはあまり知られていません。壁の中や天井裏、床下はブラックボックスのよう。何気なく使っている電気やガスも、どこから来て家の中を通っているのか普段はあまり意識しないものです。

家の中身を知るということは、家のつくられ方やつくられた背景を知るということ。建物がどんな構造と材料でどうつくられているのか。どのような条件や暮らし方があって家が成り立っているのか。それらすべてには理由があり、先人が形づくり受け継がれてきた知恵が現れています。

家には、間取りや意匠面などに時代ごとの社会情勢、そして設計者、施工者や建て主の意思が現れることも大きな特徴です。筆者は家づくりに関わる企業や建材・設備メーカー、建築設計事務所、工務店、不動産業者などに取材をすることが多くあります。それぞれの分野のプロフェッショナルは、建て主の理想を叶えること、さらには普遍的によい家のあり方を求めて日夜努力しています。その結果、半世紀ほどで日本の家の姿は劇的に変わってきましたし、快適さは向上してきました。また、取材では注文住宅にも頻繁に訪れますが、そこで触れるのは実にさまざまな家の姿です。外観やインテリアだけでなく間取りにも創意工夫があり家族の個性が出た家は、楽しく居心地がよいものです。

家のことをよりよく知ると、住んでいる家への愛着が高まり、適切な手入れをすることにつながります。また、これから新たな家を考えている人にとっては、未来の家族の暮らしに対するイメージが湧きやすくなります。おまけに、旅先で家を鑑賞する楽しみが増えます。家についての多様なトピックを取り上げたこの本は、誰にとっても興味を持って読んでいただけると思います。この本を読むことで家に対する見方や発想が広がり、これからの暮らしを見つめるきっかけとなれば、これほど嬉しいことはありません。

加藤 純

住んでいるのに全然知らない!? 「住まい」の秘密〈一戸建て編〉【目次】

chapter 1 屋内の秘密
―家の中が分かると住み方が変わる？―

chapter 2 家の外側、構造の秘密 ―建物が分かると住み方が変わる？―

chapter 3 インフラと住宅 —知っておくべき大切な関係—

chapter 4
「我が家」と「外」との関係
―「我が家」だけが存在しているわけではない―

chapter 5 住まいの使い方とメンテナンス
―知っておけば「快適」がながもち―

カバーデザイン・イラスト／杉本欣右
本文イラスト／勝間田しげる
本文レイアウト／Lush!
企画・編集／磯部祥行（実業之日本社）

chapter 0

「家」とは何か／「住まい」の歴史

―さまざまな定義のある家―

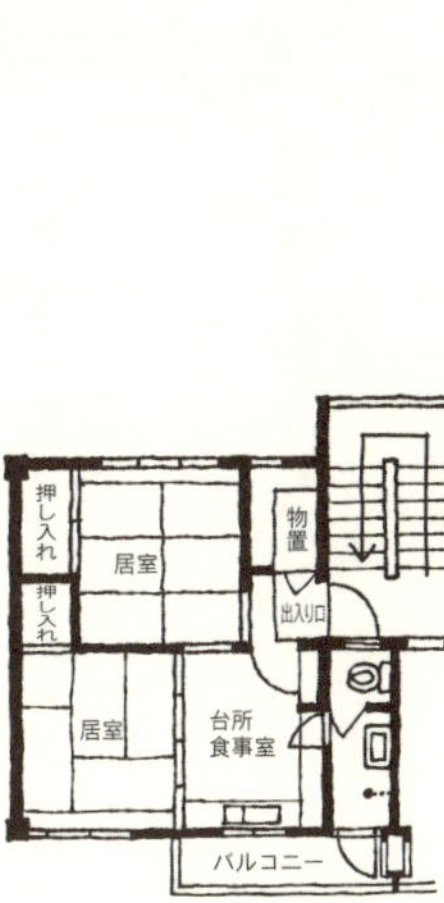

さまざまな定義のある家。住む人の定義によって変わるもの

chapter 0
1

「家」とは何でしょうか。改めて問われると、人それぞれの答えが出てくることでしょう。最もスタンダードな答えは「人が住む建物」。日本語では昔「いへ」と表記されていて、その語源は諸説あります。「い」が寝るところを示し、「へ」が戸を意味するという説。「へ」は容器を示し、「い」はその接頭語で、人間を入れる器を意味するという説。「庵《いおり》」の「いほ」と共通の起源を持つとする説。いずれも、人のための建物という点では共通しています。

漢字の「家」の起源は、「豚」に関係しているようです。「宀」が建物、「豕」が豚。人はどこ？　と思いますが、豚を生贄《いけにえ》とする儀式を執り行う建物を意味する説があります。また、大切な財産である豚などの家畜と一緒に住む建物を意味しているようです。「巣」や「ねぐら」は、動物が体を休めたりするところというイメージがありますが、「棲家《すみか》・住処《すみか》・栖《すみか》」となると、「終《つい》の棲家」というように人にも使われます。家とは何か、を考えることは、人と動物の境界、理性と本能の境界を見つめることなのかもしれません。

本書ではひとまず「家は人が住むための建物」と無難に定義しておきましょう。では、どのように使って住めば「家」なのでしょうか。落語の前座噺《ばなし》に『寿限無《じゅげむ》』という話があり、子供に付けられた長い名前の中に「食う寝る処に住む処」というフレーズが登場します。家の中でする主なことといえば、食べることと寝ること。でも、ホテルや旅館と家は異なるのでしょうか。誰が使うか、によって家かそうでないかは決まってきそうです。家は誰が使うかといえば、一般的には血縁関係にある家族。でも単身世帯も増えていますし、最近増えているシェアハウスは家ではないといえば、語弊がありそうです。現代社会では、核家族がもはやマイナーな存在になりつつあります。家族のあり方は揺らいでいて、その概念も広がっています。折にふれて述べたいと思いますが、多様な家族のあり方に応じて家の形態も変わっていくのは必然といえるでしょう。

とはいえ。本書では戸建住宅の解説をしますが、ひとまず前提となる家の姿がないと話が広がり収拾がつかなくなってしまいます。それで基本的に、**戦後に確立した「マイホーム」のイメージ**に沿い、核家族が暮らす建物を想定します。敷地面積は30坪程度、2階建てで建築面積が20坪弱、庭と駐車スペースがあって延床面積が30坪ほど、一般的な材料とつくり方により建てられたもの。規模の大小、スタイルの違いなどで必要となる解説は、そのつどいたします。

持ち家は歴史の浅い形態。家は家族のためだけのもの？

chapter 02

前の項で「マイホーム」は戦後に確立したと書きました。江戸時代はもちろん**戦前までは、持ち家ではなく借家が主流だった**のです。厚生省「昭和十六年大都市住宅調査」によれば、大都市に建てられた専用住宅は、借家が8割近くを占めていたといいます。大正時代には、借家の割合は9割を超えていました。それが戦後の1968（昭和43）年には持ち家が約6割を占めて逆転し、以降は持ち家のほうが多い状態が続いています。

「一国一城の主となる」というフレーズがマイホームを持つことと関連付けられて語られたように、戸建住宅を所有することは、ある種のステイタスとなることは確かです。敷地の中で間取りや仕上げが自由にできるのが、戸建てのメリット。オーディオや楽器を楽しむ部屋、ホビールーム、サンルームなど、趣味的な部屋を持ちやすいのも戸建住宅ならではでしょう。また、大地と地続きであることは、本能的に安心感を抱かせるものです。土地を所有することに不動産的な価値を見込むのも、戸建て志向の方々の傾向です。ただし、都心部では土地の価格が格段に高いのが実際のところ。一般的には、ある程度の富裕層が戸建住宅に暮らしているといってよいでしょう。

さて、家は通常は家族のための建物とも書きましたが、**「住まいは家族のもの」「家は家族の団らんの場」という概念は、大正期以降に発生したもののようです。それまでは、家はどちらかというとお客様のためのものの。**明治時代以降の都市型住宅は、武士社会のなかで生み出された書院造りの家をモデルにしていたのですが、接客に重きが置かれていました。お客様をお通しする「客間」は南側に面した最も条件のよいところに位置し、家族が主に過ごす居間や茶の間は端のほうに追いやられていたのです。それが特に戦後から高度成長期を迎える頃、「家は本来、客人のためではなく家族のためのもの」という意識が高まり、客間と居間・茶の間の位置付けは交替。居間は「リビング」という言葉に取って代わられ、家が狭小化する中で客間は消滅する傾向にあります。

ただし、前項から続く話ですが、家は「食う寝る処に住む処」。寝食だけでなく「住む」に多様な意味合いがあり、そこに人間らしさの根源があるように思えます。人間と他の動物との違いの一つには、自らの住まいに他人を導き入れるという行為がある、と高名な文化人類学者は指摘しました。歴史を振り返ってみると、豊かな文化は他人をもてなす行為や気持ちから生まれてきたといっても過言ではありません。家づくりを考えている方は、人を招いたり招かれたりする視点でも家を見つめてはいかがでしょうか。

家に求められること・モノは何？安全を確保したうえで快適性を追求

chapter 03

家に求められる要件は何でしょうか？　家の大前提は、人が住まう以上、厳しい自然から命を守ること。洞窟でなければ、雨露をしのぐための屋根や、動物の侵入を防ぐ壁が必要です。日本では、頻発する地震で倒壊しないことも求められます。さらに、衛生的な構造や設備を備えていること。生理的に快適と感じられるようなつくりをしていて適切な設備があること。快適性を追求する現代の家の姿が見えてくるようです。

では少し視点を変えて、建物には何が備わっていれば「家」なのでしょうか。**ほんの50年ほど前までは、日本でも農家や商店、町工場や漁師の家など、住まいと生産活動の場が併用されていることがほとんどでした。**その場合、なんらかの作業を行う場所が家の中に備わっていることが必須だったのです。**人々の生活が向上し、都市化が進むにつれて、住まいと働くための場が分離。**現代の家は、家族生活だけの場に特化した空間になっていることが一般的です。ただし、すでにみたように家族の形態がゆらぎ、働き方も多様になっている現在、家に備わっているべきものは特定しにくいものです。

実は、日本の建物を規定する最低の基準を定めた建築基準法には、住宅の定義が厳密には存在せず、家に求められることも明記されてはいません。ただし、日常を過ごす「居住の目的のための居室」については建築基準法に「居住、作業、娯楽などの目的のために継続的に使用する室のこと」とあります。この定義に従えば居室は、居間・食堂・台所・寝室があたります。居室となる部屋には、採光や換気のための窓の大きさ、必要な天井の高さなどが定められています。玄関・廊下・便所・浴室・脱衣室・洗面所・押入れ・納戸《なんど》などは、居室ではありません。

また敷地と建物との関係で、普通の住宅か「離れ」かどうかは、水まわり3点セットといわれるキッチン（流し台）、トイレ、風呂が揃っているかいないかで判断されることがあります。一つの敷地には一つの建物しか建てられないという決まりが建築基準法施行令で定められています。そしてキッチン、トイレ、風呂の三つすべてが揃っていなければ、その建物だけでは住宅の機能が成立しないとみなされ、離れに該当し同一敷地に建築できます（ただし、行政などの判断によります）。逆に捉えると、キッチン、トイレ、風呂が揃っていることが、建物単体で住宅として機能する要件となります。至極無難な結論にはなりますが…、安全で快適な居室に十分な機能の水まわりがあること、が現代の標準的な家の要件といえるでしょう。

家族が快適に暮らせる広さはどれくらい？ 部屋の増減の仕方も考えておく

chapter 04

家族がよい距離感を保ちながら、快適に暮らすことのできる広さはどれほどでしょうか。ハウスメーカーでは、**延床面積を一人あたり8坪で計算する**のが目安とされているようです。４人家族であれば３ＬＤＫで32坪、５人家族であれば４ＬＤＫで40坪。敷地に余裕のない都市部では、厳しい数字です。ある設計者は、４人家族の戸建住宅に必要な最低延床面積は25坪で、家族が増えるなら一人につき5坪を目安に足すとしています。

ハウスメーカーによる住宅や建売住宅では、主寝室は８畳程度、子供部屋は６畳程度とされていますが、本当にその広さが必要かどうか、このあたりから再考したほうがよいでしょう。子供部屋は勉強と寝るだけと割り切れば、３畳ほどですむかもしれません。あとは間取りの工夫次第。個室にＬＤＫという形式を崩すことも必要です。**広さを超越した家族の個性を楽しむのも、戸建住宅ならではの醍醐味です。**

子供が生まれるタイミングで持ち家を真剣に考える家族は多いのですが、**独立した子供部屋が必要とされる時期は限られている**ことを念頭に置きましょう。個室を本当に必要と

1人あたり8坪が目安

するのは小学校高学年以上で、10代後半～20代前半で巣立っていくとすると、10年前後です。夫婦だけになって空き部屋を持て余すか、子供部屋をそのまま残しているような家は意外と多いものです。子供部屋は間仕切らずに子供コーナーとしてリビングなどに隣接して設け、成長し個室を必要とした時に間仕切り壁を加えるというようにフレキシブルに考えておけば、子供が巣立っても広々した状態に戻しやすくなります。

子供の個性やきょうだいの男女の違いにもよりますが、あらかじめ子供部屋を広めにとっておき、子供が小さいうちは一緒に過ごし、成長に応じて間に壁や収納などを立てつけて複数の部屋に分ける家も多くあります。

部屋の数や間取りを表す○LDKという呼び方。いつ頃から使われている？

chapter 0
5

不動産の情報では必ずといっていいほど載せられている「4LDK」などの記号。「nLDK」というとき、nは寝室の数、LDKは居間《リビング》（L）と食堂《ダイニング》（D）と台所《キッチン》（K）でセットになったスペースを表していることはご存知のとおりです。合わせて「2階建て・100㎡」などと記されていると、図面を見なくても「1階にLDKと和室、お風呂・洗面・トイレ、階段があって2階に個室が3部屋かな」などと、おおまかな間取りまで想像できてしまいます。

このようにすっかり定着している**nLDKは、実は日本固有のもの**。その由来の一つは、1950（昭和25）年頃にさかのぼります。それは第二次世界大戦後間もない時期で、人口が急速に集中してきた都市部では数百万戸ともいわれる住宅不足が続いていた頃。公営住宅を短期間で大量につくるべく、集合住宅の標準的な間取りが専門家により模索されていました。そこで生まれたのが「51C型」（＝1951年度に設計されたCタイプ）という名称が付けられた間取りです。図面の中には「台所・食事室」、つまりキッチン兼ダイ

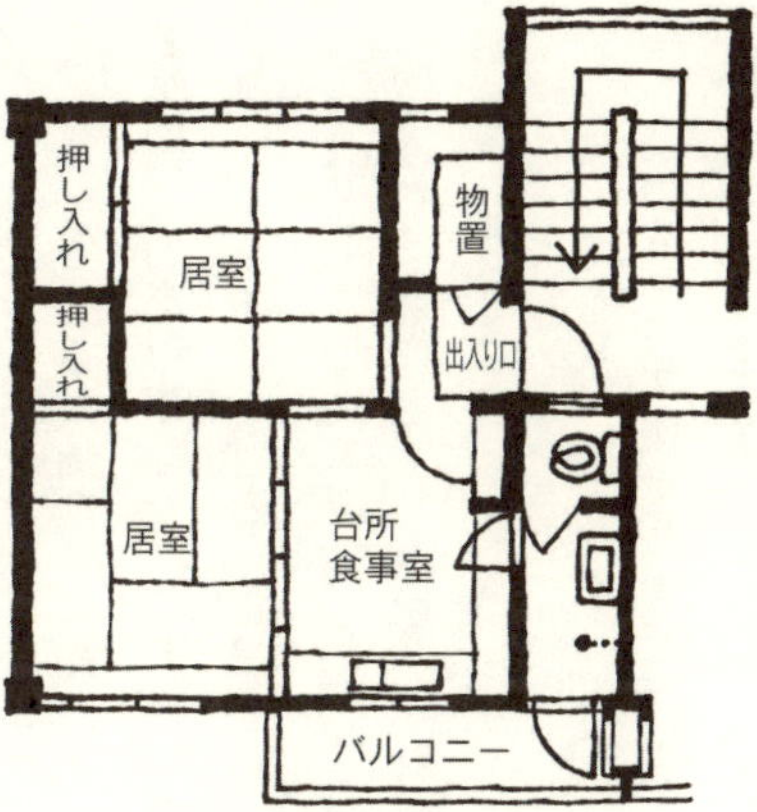

「51C型」の間取り

ニングルーム＝ＤＫという部屋名が燦然《さんぜん》と輝いていました。

このＤＫは、１９５５（昭和30）年の日本住宅公団の誕生とともに急速に発展し、普及します。公団仕様の「ステンレス流し台」と「食事用テーブル」が備え付けられ、家事労働に伴う負担の軽減が図られました。明るく清潔なＤＫをもつ団地は主婦や中堅サラリーマンの羨望を集め、「団地族」なる言葉も生まれました。戦前の大家族時代から戦後の核家族時代へ転換する時期にあって、ＤＫは新しい時代にふさわしいモダンライフの象徴となったのです。

公団住宅入居者の応募手引きである「公団の住宅」第一号には、次のような記述があります。「公団のアパートを設計するとき、大部分、食事室を椅子式にしてしまいました。これはＤＫ（ダイニングキッチン）と呼ばれています。いわゆる台所と食事室が一緒になった形式のことです」。それまでは、畳の床に座ってちゃぶ台を囲んで食事や晩酌をするのが一般的な様式。ＤＫは、それまで日本人が馴染みのなかった椅子式生活に順応させるための部屋でした。

そして、公団で大量供給された二つの寝室をもつ**「2DK」は、「食寝分離」を成し遂げる装置でもありました**。これはつまり、食べる場所と寝る場所を分けて、独立させること。秩序ある生活を営む「住まいの近代化」にあたっては、夕飯を食べ終わるとちゃぶ台を畳んで布団を出して眠りにつく、という生活様式は過去のものとされました。２ＤＫの二つの寝室は畳敷きでしたが、それぞれに収納のついた寝室とされ、独立した形式が考えられていたのです。

アメリカ文化の浸透もあいまって、次第に「私＝プライベート＝子供部屋＋夫婦の主寝室」と、「公＝パブリック＝家族団らんの場」としての居間（リビング）が発達。家族の構成人数に合わせた個室を盛り込んだ「ｎＬＤＫ」と表記される住戸タイプが、今度は民間の企業によってつくりだされていきました。いわゆるプレハブメーカーの商品化住宅や建売住宅、分譲マンションにもそのまま定型化して使われるようになり、定着していったのです。戸建て住宅では2階に個室群、１階にリビングとＤＫと和室を一つずつという構

「寝食分離」

成が典型的になり、全国的に普及しました。個室は初期には和室でしたが、次第に洋室が増えていきました。
売る側・買う側どちらからも分かりやすく普及したｎＬＤＫですが、食寝が分けられ、しっかりしたドアの付いた個室重視の間取りに問題がないわけではありません。個室が連なる家では間取りの柔軟性がなく、子供が独立した後は物置部屋となっている例も少なくありません。また「引きこもり」はｎＬＤＫによってもたらされたのではないか、とみる専門家もいます。オープンなワンルーム空間に最低限の個室を子供の成長に応じて設える、などｎＬＤＫに代わるさまざまな間取りは、常に試行錯誤が続けられています。

chapter 06

必要に応じて発展してきた各地の家。気候風土に合った家は景観をつくる

古来より、家は土地ごとで身近に取れる材料や、気候風土に合ったつくり方、形状で建てられてきました。樹木の豊富な日本では伝統的に、柱を立てて木を組み、屋根を載せる形式がとられています。

兼好法師は鎌倉時代に記した「徒然草《つれづれぐさ》」で、「家の作りやうは夏をむねとすべし。冬はいかなる所にも住まる。暑き比わろき住居は堪え難き事なり」と指南しました。家は、冬よりも夏を過ごしやすくすべきとしたのです。兼好法師は京都に暮らしていましたから、冬の寒さには囲炉裏の火にじっと当たって我慢できても、盆地特有の夏の蒸し暑さには耐えられないと感じたのでしょう。日本は全体的に雨が多くて湿度も高く、夏は高温多湿といえます。日本の民家では、開放的なつくりとすることが一般的でした。ただし、数多くの島が連なった日本列島、北から南までの距離は約3000㎞。南北に細長い日本では地域ごとに気候の特徴が異なりますし、山間部、平野部、海岸部などに応じて、家のつくり方にはさまざまなものが見られます。

「夏をむねと」した住居を北国に建てたら？

時代を主に近代以降に絞り、北側からざっと概観してみましょう。「夏をむねとすべし」とはいえ、雪が多い地方ではつくり方が変わるのは当たり前。北海道や東北地方、中部地方の日本海側や山脈沿いなどでは、冬は降り積もる雪との戦いです。屋根の雪を下ろさないと、雪の重みで建物がつぶれてしまうほど。そうかといって雪下ろしは重労働ですし、転落する危険性がつきもの。下ろす雪の行方への配慮も、密集地などでは必要です。もとから屋根の勾配を急にしておけば雪が積もらない、積もっても落としやすいというので三角屋根とする家も多くありました。それに対して、雪を下ろさないで冬をやり過ごす「無落雪屋根」も1970（昭和45）年頃に登場し、北海道ではメジャーな存在になっています。これは家を縦に切ったときに屋根の形がMの字をしているもので、通りからは屋根がフラットに見えます。雪の重みを考慮した構造とし、注意深く防水されています。その他、豪雪地帯の家では、玄関前の庇《ひさし》は大きくとっておく、風除室を設ける、雪が積もっても出られるように引き戸を設けておく、1階床を高くしておく、あるいは2階から出入りできるようにつくっておく、などさまざまな工夫が見られます。新潟県では「雁木造《がんぎづくり》」と呼ばれる雪よけ屋根が続く通路が生まれました。通り沿いの家々が庇を伸ばして連ね、積雪時にも人が行き来できるようにしたものです。

一方で、雨が比較的多い太平洋側の地域や、台風の影響を大きく受ける関東から九州、沖縄にかけての地方では、激しい風雨に耐えるよう工夫されてきました。これらの地方の屋根は、板葺きや瓦葺きが中心。瓦は三大産地と呼ばれる三州（愛知県）、淡路（兵庫県）、石州《せきしゅう》（島根県）周辺を中心に、地場産業として根付いている地域は多くあります。瓦を、水分に強い漆喰《しっくい》で留め付けるものも多く見られました。特に有名なのは、土佐漆喰。「台風銀座」と呼ばれるほど台風が多く通過し雨量の多い高知県で、海苔の代わりに発酵させた藁《わら》スサを利用して生まれた漆喰です。土蔵の海鼠壁《なまこかべ》などにも多く使われています。沖縄にも、「ムチ漆喰」と呼ばれる、藁スサを利用した漆喰があります。

さて、沖縄で建てられる家のうち、木造は少数派です。伝統的な家屋のイメージは、石

地域に根ざした合掌造りや無落雪屋根

垣で囲われた赤瓦の屋根の木造住宅ですが、現在では鉄筋コンクリート造もしくはコンクリートブロック造が約9割、木造住宅は約1割。戦後に米軍によって持ち込まれたツーバイフォーを含めて木造はシロアリの活動や台風の暴風雨に耐えられず、鉄筋コンクリート造が導入されるようになりました。沖縄では、木造住宅はシロアリや台風に弱いというイメージが定着したのです。

それでも発展する技術とともに耐久性やエネルギーの消費量など、さまざまな観点から木造のメリットが見直されて復権しつつあるようです。全国各地で同じような家をつくれる時代にはなりましたが、地場の材料やつくり方によって地域ごとの風景が形づくられ人々を魅了することもまた事実です。

古くからの住宅地と郊外の新興住宅地。選ぶなら、どっち？

chapter 07

いうまでもなく、家には土地が必要です。家をつくったり購入することは同時に、どの土地を選ぶかということを意味しています。土地は大きく分けると、新たに造成された土地と、昔からある住宅地の土地とがあります。両者の違いを「土地の状況」「交通・生活の便」「コミュニティ」という側面で比較してみましょう。住宅地は、規模の大小はあれど、いずれもどの時点かで開発されたもの。高級住宅街として知られる東京の田園調布も、戦前に今でいうディベロッパーが構想して開発した住宅地です。新興住宅地と昔からある住宅地では、時勢や時の経過がそのまま特徴になっていることが多くあります。

まず、土地の状況として面積の大小があります。地域にもよりますが、数十年前に開発分譲された住宅地では、今と比較するとゆったりとした区画割りが多いのが一般的です。こうした住宅地では、何らかの事情で売りに出されるときに複数に分けられることもしばしばあります。また、住宅地の開発では山林や田畑を住宅地として切り開くことがほとんどですが、年数が経った住宅地では土の状態が落ち着いています。つまり、造成された土地は締め固められ、地盤沈下などの危険性がある場合はすでに不具合が現れていることがほとんどですから、土の状態を見極めることが比較的容易です。

交通や生活の便をみると、一般的に古くからの住宅地のほうに分があります。大規模な宅地開発では、合わせて公共のバス停や地下鉄の駅などが設置されることもありますが、それほど多いケースではないでしょう。主に自家用車の利用を前提とした住宅地のほうが多くを占めます。その他、買い物をするスーパーなどは既存の住宅地の周りで発展してきた施設ですから、新興住宅地では当面は不足しがち。ただし、学校や公園などは新興住宅地内で新たに整備されることもあります。

コミュニティの面では、端的にいえば若い／成熟しているという違いがあります。新興住宅地ではだいたい同じ時期にいっせいに引っ越して新生活をスタートさせます。初めて家を持つ世帯が多いので年代や家族構成が似通っていますし、世帯年収も同じような様子。子供の同級生が近所にたくさんいます。昔からある住宅地では、年齢層はさまざま。高齢化を迎えて子供が少ない住宅地も見受けられます。自治体の活動が面倒という人もいれば、すでに決まっていることが多いのでかえってラク、という意見もあります。

二者を比較するときにはよくある話ですが、メリットとデメリットは隣り合わせ。同じ条件を、これから住む人がどうとるかによって変わってきます。

周辺環境を手軽にチェックするには

敷地選びでは、周辺環境の調査は念入りにしたいものです。市販の家づくりガイド本では交通環境、生活利便施設、子育て環境、住環境などに分けたチェック項目をシートにした用紙が付いていることもあります。

いくつかの敷地の状況を知りたい場合やすぐに見当をつけたい場合、現地に赴かなくてもウェブサイトを活用してある程度周辺状況を知ることができます。「Google マップ」では、周辺の施設種類や名称が分かりますし、最寄り駅までの経路や所要時間も精度よく把握できます。また、航空写真にすると周辺の建物の高さや密度、緑の状況などが分かり、敷地への日当たりもある程度予測できます。タウン情報サービス「30min.（サンゼロミニッツ）」が賃貸情報サイトで提供するスマートフォン向けサイト「周辺環境スカウター」も面白い試みです。住所を入力すると、近くにある飲食店情報や、コンビニ、スーパー、保育園への距離が示され、該当市区町村の保育園の待機児童の状況などから、周辺環境スコアという点数で算出するものです。その他、最寄り駅やバス停の時刻表は、交通会社のウェブサイトなどで入手することが可能です。

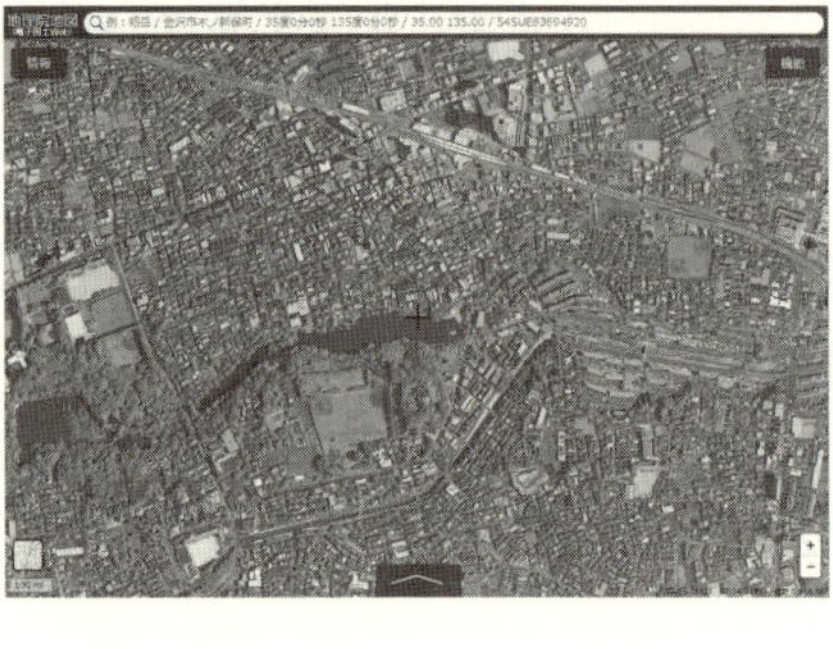

国土地理院の「地理院地図」で見た航空写真。緑のエリアなどは、地図よりもイメージで把握できます。

chapter 1

屋内の秘密

―家の中が分かると住み方が変わる?―

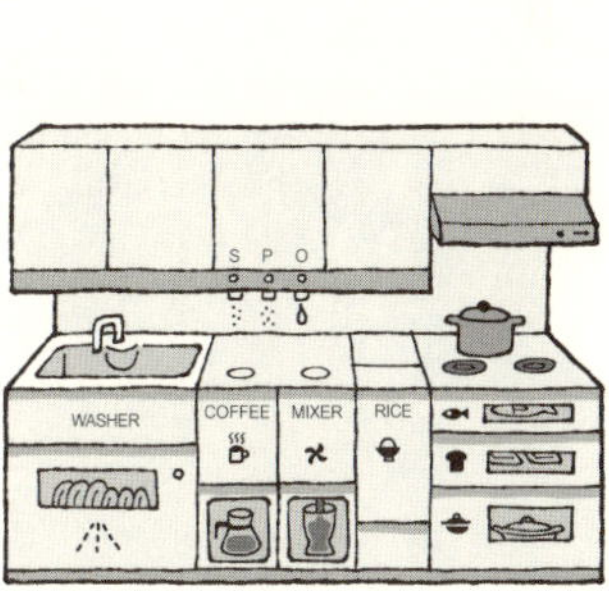

chapter 1
1

㎜・㎝・ｍか、寸・尺・間か？住宅を司る寸法の秘密を探る

住宅に限らず建築の世界では、メートル単位だけでなく**尺**、**寸**、**間**《けん》といった昔ながらの単位寸法が混在して使われています。これは「**尺貫法**《しゃっかんほう》」の単位で、長さは尺などで、重さは貫などで計測したことによります。欧米で使われるフィートとポンドのようなものですが、日本では１９６６（昭和41）年に定められた「計量法」で尺貫法を取引や証明の計量に利用することが禁止され、正式な図面などではメートル法での表記が義務付けられています。それでも、ｇ・kgに取って代わられた重さの単位に比べて、日本の建築や不動産業界では長さの単位は健在です。特に、工事現場や家具づくりに携わる職方の間ではいまだにスタンダードといってよいでしょう。

１尺は、親指と中指を広げたときの幅に由来します。フィート・ポンドと同じく、身体的なサイズから定着した寸法というわけです。明治時代に1尺は33分の10ｍと定められたため、１尺＝約３０３㎜。「一寸法師」の身長1寸は10分の1尺＝約30・３㎜。「一寸の虫にも五分の魂」の1分は10分の1寸＝約3・０３㎜。そして、１間＝６尺＝約１８１８㎜。

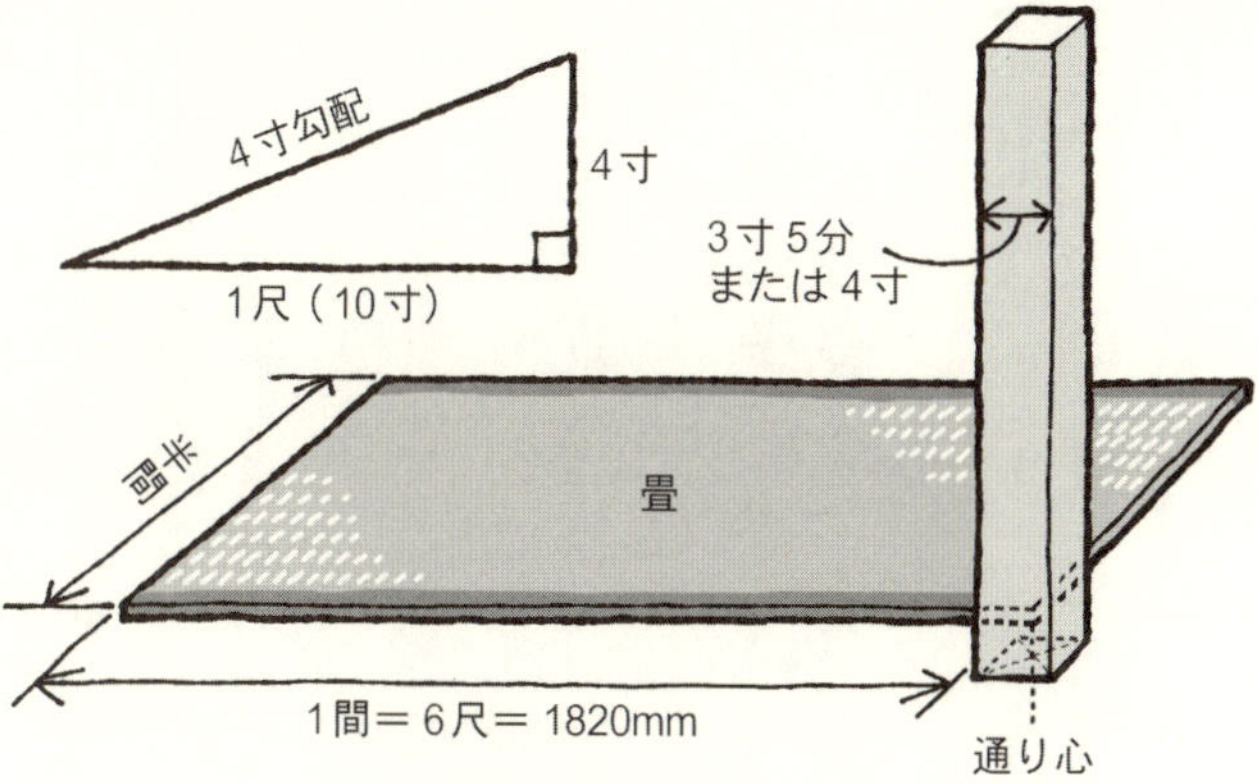

建物の数字いろいろ

一般的に、尺などを㎜に置き換えた数値では、30㎜、300㎜、1820㎜と近似値が用いられています。

建物で使われる㎜の数字の根拠は、尺寸ということが多くあります。例えば、建物の間取りを決定するときに用いる「通り心」と呼ばれるグリッドは、尺寸を基本とした1820㎜間隔に則ったもの。一般的な木造住宅では、このグリッドの交点に柱を配しながら、部屋の大きさや廊下幅を決めていきます。また、柱の太さは1辺が3寸5分（約105㎜）や4寸（約120㎜）が標準的です。現代の家づくりで多用される合板の元のサイズは「サブロク」や「シハチ」。つまり、3×6尺＝約910×1820㎜や4×8尺＝約1220×24

30㎜。㎜では一見すると複雑な寸法が、ごく普通に使われています。

建築材料の寸法は、工事現場で職方が運びやすくつくりやすいサイズ感、材料を製造するのに効率的で経済的なサイズとのバランスで決まっているといえるでしょう。そうした目で建物を眺めてみると、壁のクロスや板の目地、タイルカーペットの目地などに、さまざまな材料の寸法が見えてきて面白いものです。

ちなみに、建築業界では図面などでの表記やプロ同士の会話で、㎝やmではなく、㎜が使われています。家づくりの打ち合わせで「ここは600あれば問題なく使えますよ」などと寸法の数字が出れば、それはたいてい㎜のこと。設計者や工事監督は、つい60㎝ではなく「600」㎜と口に出してしまうのです。

寸法の呼び名が尺寸で残っていることもあります。例えば、屋根の勾配、つまり傾きの表し方で「**4寸勾配**」といえば、ある点から水平方向に1尺＝10寸進むと高さが4寸高くなる傾き具合のことを指します。「1mにつき40㎝の勾配」や「約22度弱の勾配」と指定するのではなく、尺寸に従っているわけです。

家の高さ方向でも、尺寸による寸法が使われてきました。和室の出入り口頭上にある鴨居の高さは、一昔前までは床から5尺7寸から5尺8寸ほど（約1・75m）が一般的でした。江戸時代や明治時代、日本人の平均身長は男性で160㎝、女性で150㎝に満たなかったというので、ちょうどよい具合の高さだったのです。現代では背の高い人が昔ながらの家を訪れると、頭を鴨居にぶつけて悶絶してしまいます。それで、最近では鴨居の高さは6尺（約1・8ｍ）や6尺6寸（約2ｍ）まで上げられています。当たり前のことですが、日常の動作での使い勝手のよさが、家のスケールに深く関わっています。

そして日本の住宅では昔から畳の数や寸法を基準にして、柱や鴨居の寸法、柱間の間隔、部屋の大きさなどが決められてきました。洋室であっても畳の大きさで部屋の広さが表されます。「リビングは33㎡」よりも「リビングだけで20畳」と言われるほうがピンときます。ちなみに、1坪は2畳分の広さに該当します。

畳の大きさは、関西とそれ以外では異なることをご存知でしょうか。**京間畳**（昔畳）は955×1910㎜で、**関東間畳**（江戸間畳・田舎間畳）は879×1758㎜。これは、間取りの芯を畳を基準とするか（京間）、柱を基準とするか（関東間）による違いです。関西のほうが少し大きく、関東間の1畳は京間の約85％の大きさとなります。関東間の8畳は、実際の面積で京間の7畳より小さいというわけです。その中間の「中京間」は910×1820㎜で、地方によって1畳の大きさはさまざま異なります。なお、不動産業者が畳の数に換算して広告を出す場合、1畳は中京間の大きさに近い1・62㎡を基準とするように法律で定められています。

chapter 1
2

家の外と中をつなぐ重要な境界、玄関。下足の脱ぎ履き文化が設えを生み出す

玄関はもともと、鎌倉時代に導入された禅宗の「玄妙な道に入る関門」を指していました。つまり、悟りへの関門、禅門に入ることを意味しています。そう聞くと、いつもの玄関を通るときにかしこまるような心持ちになりますが、その後の成り立ちを考えてもあながち間違ってはいません。鎌倉時代以降の武士の家は、禅宗文化の影響を強く受けていました。武士が対面し接客するという大切な行為の、主要な舞台となったためです。身分の高い人を家に招き入れるための「**表玄関**」があり、そこは客人と主人用。ほかの家族や使用人は「**内玄関**」を用いていました。多くは台所に設けられていたため、「**勝手口**」ともいわれるようになったのです。それが、大正時代の頃から玄関の使い分けが批判されるようになり、玄関は一体化されるように。同時に、開放的なつくりも疑問視され、外部に対しての戸締まりも強化していきました。

現代の玄関は、家族の場と家族以外の外部の世界との境。個人と共同社会をつなぐ橋渡しの空間でもあります。国や都市への入り口となる駅や空港が「玄関口」といわれるよう

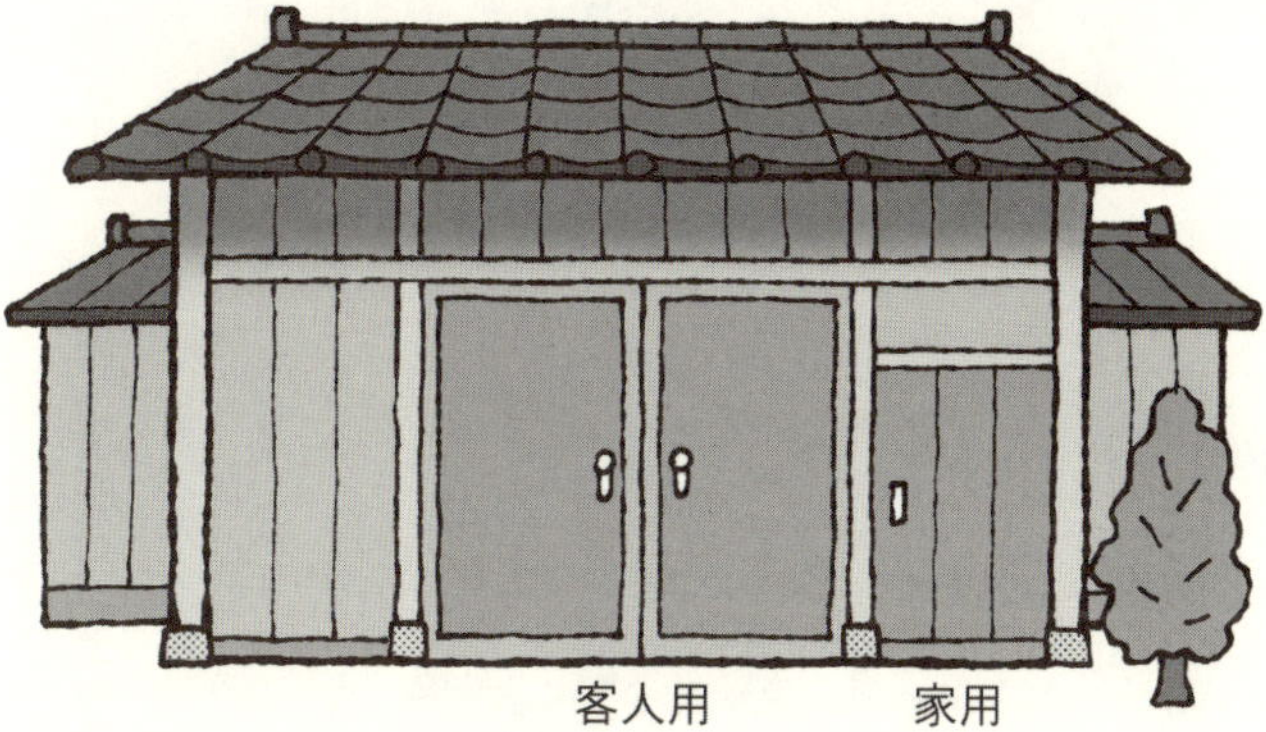

かつて玄関はお客様用だった

に、また玄関は「家の顔」といわれるように、来訪者にとって玄関の第一印象は家全体の印象を決定づける重要な要素です。扉や戸は材質やデザイン、色などが、一般的には家全体のテイストと合わせるように慎重に検討されます。和風であれば引き戸が相性がよく、モダンであれば金属製のシャープな扉が好まれる傾向にあります。玄関扉を木としたい場合は防火地域・準防火地域の延焼のおそれのある部分で規制を受けますが（164ページ参照）、規定をクリアした木製の建具製品も出されています。

さて、日本では室内を靴を脱いで過ごすため、玄関で靴を脱ぎ履きします。これは欧米の生活スタイルとの大きな違い。他人の家に上がるときに靴を脱ぐ場が見当たらないと、不安になってしまうのが日本人です。通常は土間から1段上がって、玄関広間の床が続きます。以前は**沓脱石**《くつぬぎ》、**上り段**、**敷石**などが設えられていましたが、玄関土間と広間との段差は徐々に小さくなり、敷石などは**玄関框**《かまち》に取って代わられています。ただし、玄関の段差が小さくなると靴の脱ぎ履きで腰掛けることが困難になるため、玄関には造付けのベンチや椅子があると重宝します。そして、北側に計画されることも多い玄関ですが、靴の脱ぎ履きをすることに加えて客を迎えるスペースのため、明るめにしたほうがよいでしょう。自然光があまり入らないようでしたら、照明で補います。

靴の脱ぎ履きに伴い、玄関に必要なものといえば、**下駄箱**がまずあげられます。腰高までの高さであれば、靴を入れるほか、手をつく台としても活躍。その台の上は、飾り棚やディスプレイコーナーとして、季節の花や小物が置かれることが多いようです。このスペースを人の出迎えをするおもてなしコーナーと捉えれば、香りや音に凝ってもよさそうです。家の和室が急速に減っている現在、**玄関は現代版の床の間**といえるかもしれません。その他、玄関で必要とされるものに、インターホンや郵便ポストがあります。かつては玄関の軒先にあった牛乳箱は姿を消し、新聞受け専用のアーチもあまり見ることはなくなりました。代わりに、郵便物は公の書類が大型化したり、カタログ通販やダイレクトメールが普及しだしたため、差入口と郵便ポスト自体は大型化しています。また、宅急便を不在

時に置いておく宅配ボックスも、マンションから戸建てへ普及の兆しを見せています。
　玄関土間の床でよく用いられる素材は、タイルや石など。土足歩行に対して耐久性があり、水濡れにも強い材料が使われます。玄関ポーチと連続させる場合はどちらの床にも「屋外床用」と表記されている製品を選ぶ必要があります。水で濡れたときに、足を滑らせてしまう危険性があるからです。なお、以前の日本建築では「タタキ」と呼ばれる土間床も多くありました。漢字では「三和土」と書くとおり、土や砂利に消石灰とにがりという3種類の材料を混ぜて練ったものを塗り、たたいて固める仕上げです。最近ではモルタルやコンクリートの仕上げでもタタキと呼ぶことがあります。

chapter 1
3

階段と梯子の違いは？日本と西洋の文化の違いも見える階段

日本は階段よりも梯子文化？

「鉄砲階段」とも呼ばれる**直階段**、途中で曲がる**折り返し階段**、**回り階段**、**かね折れ階段**、**らせん階段**など、階段にはさまざまな形式があります。階段の幅や踏面（段の水平部分）、蹴上げ（1段の高さ）という寸法、段板と上下階をつなぐささら桁や側桁という材料の組み合わせ、構造の種類によって、階段のカタチは千差万別です。

日本建築では、階段は地味な存在のような気がします。新選組の「池田屋階段落ち」はしばしば見せ場となっていますが、宝塚歌劇の舞台の大階段に比べるとどうしても華やかさに欠けます。西洋の邸宅では、それこそ舞台空間のように玄関を入るとドーンと壮麗な曲がり階段が構え、人の出会いの場、交流の場となっています。日本では家に限らず昔から城郭でも神社仏閣でも階段は裏に隠れるように設えられ、どこも急な勾配。京都の町家などに見られる、階段の下部が収納スペースになっている「**箱階段**」も、あくまで家具の

古い日本家屋にはこんなものも

延長。気合を入れて注意しないと登り降りはできません。

これは、日本では2階がそもそもあまりつくられてこなかった、つくられたとしても人が常に過ごすところとして用いられてこなかったことに起因します。頻発する地震で倒壊するのもこわいですし、明治維新の頃までは、2階より上階は見上げて眺める対象と捉えられていたようです。

日本では、西洋のように通路としての階段よりも、道具としての**梯子**《はしご》のほうが馴染みやすいものでした。固定された通路ではなく、必要に応じて動かせる道具。日本でも2階建ての家が一般的になっても、しばらくは梯子の延長のように裏に控えていた印象がありますが、最近ではリビングの吹抜けなどに面した優麗な階段がしばしば見受けられます。階段がようやく「表舞台」に出て、家を特徴付ける、インテリアの主要な要素として活躍し始めたようです。

「階段は大工の腕の見せ所」と言われます。階段の既成品も出てきていますが、オーダーメイドでつくる階段は部材の取り方や納め方が実は複雑で、実用的でありながら綺麗に見せるのは難しいからです。見え方や使い勝手を考える設計者も同じように、階段をいかにスッキリと見せるかに力を注いでいるものです。家を訪れたとき、階段が綺麗であればぜひ一言感想を口にしてください。もし設計者や大工がその場にいれば、「実は苦労しましてね…」と何十倍もの説明になって帰ってくるでしょう。

階段を上手に家に取り入れる

建築基準法では、住宅の階段の寸法は踏面が15cm以上、蹴上げが23cm以下と定められています。角度にすると、57度以下。50度以上は人の昇降にとって望ましいものではないとされていますから、かなりの急勾配です。勾配は緩いほうが登り降りしやすい一方、間取りで見ると広い面積をとるという相関関係にあります。スペースを節約するには、階の高さを抑えて段数を少なくすることも一つの方法です。

また、省スペースといえば、らせん階段は実は場所をとりません。もとは西洋のレンガ

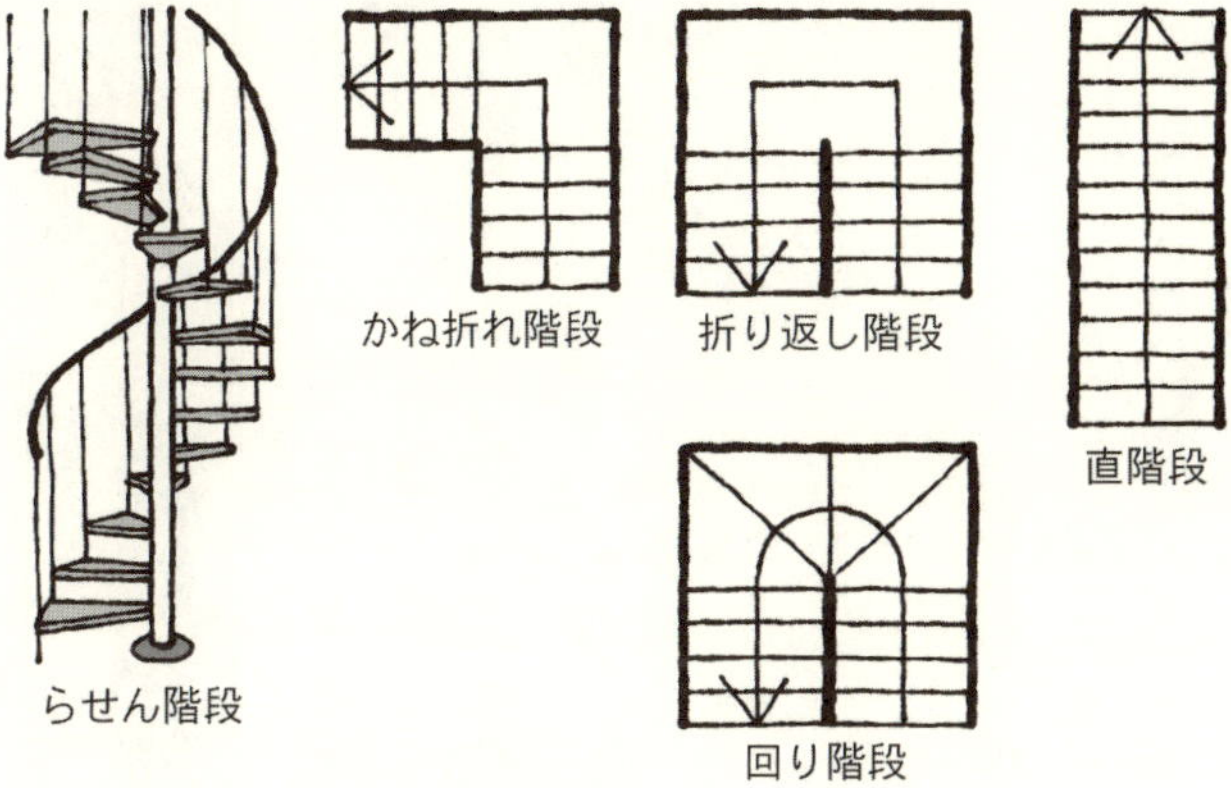

いろいろな階段

造りの建物で発展した階段で、柱にぐるっと段板が取り付く姿は見た目に美しく、効果的に用いられている家もあります。ただし、長い距離を登り降りすると目が回ってしまうことも。左右の階段板の寸法が違うことに慣れずに踏み外すと滑り落ちやすいこともあるので、らせん階段は何層にもわたって設けるのではなく、1階分にとどめておくのが無難です。

間取りでみたときに階段のスペースを小さくするには、「段違い階段」と呼ばれる階段とする手もあります。これは、右足と左足を置く段板を分けて互い違いに組む階段。使い慣れるまでは若干戸惑いますが、急勾配でも無理なく昇降でき、省スペースにできます。

廊下は無駄なスペース!? 役割と機能を改めて考える

廊下は、部屋と部屋をつなぐための空間。廊下の両側に部屋がある場合は「**中廊下**」、廊下の片方にしか部屋がない場合は「**片廊下**」といわれます。建物と建物をつなぐ廊下は「**渡り廊下**」といわれ、神社仏閣などで建物や中庭を取り囲むようにつくられたものは「**回廊**」と呼ばれます。

間取りを考えるとき、部屋をなるべく外に面するようにすると廊下は家の内側に入り込むことが一般的です。典型的なのは、大正期以降の中流家庭の住宅で普及した「**中廊下型住宅**」。廊下を挟んで南側に家族の居室を、北側に台所や使用人の部屋などを配した家で、部屋が増えると廊下は長く、日の当たらない閉塞感のあるスペースとなります。それ以前に民家で見られた、和室が並ぶ「**田の字型**」の間取りでは、そもそも廊下はありません。室内の移動は、畳敷きの部屋の間に立てられた襖を開け閉めして行っていました。

そして現代の戸建住宅。廊下の幅は柱と柱の間で約90㎝とされるのが一般的で、この幅で長くなれば閉塞感は高まります。また、面積の限られた家では、部屋を優先させたいと

廊下は部屋の使い方とともに
プライバシーをも切り分ける

いうのはまっとうなこと。「廊下は無駄なスペース」という建て主も少なからずいるようです。廊下や建具をなくしたワンルーム空間は、その要望を具現化したものです。ただし、部屋を分けないことは、落ち着かないことに直結しかねません。他人の行き来する様子が見え、音や匂いなどが伝わってくるのは、小さな子供のいる家庭では互いの気配が分かってメリットになりますが、大人だけで暮らす家ではデメリットになることも。また、廊下は日常の生活の中で、気持ちを切り替えさせてくれるような空間です。間仕切りで必要に応じて分けられるようにした廊下、壁面ディスプレイでギャラリーのようにした廊下、壁一面に本棚を設えた廊下も見られます。

chapter 1
5

家族のためのリビングは曖昧な存在。気兼ねなく過ごせるコーナーをつくる

名前の付いた部屋には、それぞれ求められる機能があるはず。そう思うと、明確で揺るぎない機能がある部屋は、キッチン、浴室、トイレくらいなものです。しかも、それぞれの部屋での活動が多様になり、壁で仕切ることが必ずしも必要ではなくなってくると、部屋の存在意義も揺らいできます。建築雑誌などでは、明確な部屋名を付けずに「室1」「○○の間」などと記された家も時折見受けられますが、さもありなんという感じです。

存在意義が揺らいでいる部屋の代表格は、**リビング**でしょう。そもそも、**リビングは家族のためか客のための部屋か**。家族が気兼ねなく過ごす場である一方、来客があるという慌てて片付けるような家庭は少なくありません。欧米では、接客用と家族用の二つのリビングをもつ家も多くあります。両者を分けておくことで、急な来客でもスムーズに対応できますし、客人がリビングに長時間いても気がねなく家族がくつろげます。家族用のリビングは、ファミリールームと呼ばれることもあります。

ただし、なにぶん面積の限られる日本の家では、独立したリビングを二つ設けることは

リビングは団らんの場であり、客間でもある

現実的ではありません。また、家族団らんのかたちや内容は時代とともに変わるもの。テレビの登場後数十年は、「お茶の間」でブラウン管は中心的な存在感を放っていたものです。それが21世紀に入る頃から液晶やプラズマへ置き換えられ、インターネットも急速に普及するにしたがって、家族がともに過ごす形態も変わりつつあります。リビングとダイニング、キッチンがひとつながりの部屋の中で、家族がそれぞれのことをしながら、なんとなく一緒の時を過ごすのが現代的な団らんのあり方。リビングに家族専用コーナーを設けたり、個室の前のスペースを広げてテレビボード、本棚、カウンターなどを設えてファミリールーム的なスペースにする例もあります。

chapter 1
6

機能と美を両立させる。もはや家の中心のキッチンは小宇宙

システムキッチンはクルマにそっくり説

キッチンは、この数十年の家のうちで激変した部屋の一つです。間取りの項目で扱ったように戦後間もなく、ダイニングキッチンという部屋が登場し、急速に普及しました。その頃のキッチンは、ステンレスの流し台とカウンター、瞬間湯沸かし器があり、ガス台に2口のガスコンロを置くものが一般的。キッチンに求められる基本的な要素、つまり火や熱を発生させるもの＝コンロやヒーター、水を得て流すところ＝シンク、調理するところ＝カウンターは変わりませんが、今からするとかなりレトロに見えます。

住宅産業が成長するに従って、キッチンを扱うメーカーも多く現れ、技術やノウハウが競うように投入されてきました。キッチンの工業製品化と呼んでよいでしょう。コンロやヒーター、シンク、カウンターに加えて、収納や各種機器などを組み込むキッチンは、システムキッチンと呼ばれます。国産のメーカー製品だけでなく、海外から輸入されるメー

個性と好みが表れるシステムキッチン

カー製品も多く、メーカーごとに特色を打ち出しています。「このメーカーは扉の塗装が綺麗」「国産メーカーは機能がよく考えられていて使い勝手がいい」「ドイツのメーカーはやはり質実剛健」「イタリアのメーカーは個性的な存在感に惹かれる」。こうした声を聞くと、システムキッチンはクルマと似ている気がしてきます。ちなみに、価格も両者は似通っている様子。シンプルな軽自動車並みの数十万円から装備の豪華な大型車並みの数百万円オーバーまで、幅広く取り揃えられています。

キッチンにはモノがギッシリ

キッチン機器の代表格は、コンロやヒーター。熱源がガスのコンロ、電気のＩＨヒーターやラジエントヒーターがありますが、いずれもキッチンカウンターと一体とされ、掃除がラクなように配慮されてきました。火力は業務用とまではいきませんが、ハイカロリーバーナーをもつコンロも人気。最近では魚焼き器を省略した機器もありますが、魚焼きスペースを利用してダッチオーブンに対応する機器などのバリエーションもみられます。

周辺機器の新星は、食器洗浄機。国産品・海外製品含めてさまざまありますが、主な選択基準は容量。毎食時ごとに洗うのか・貯めて洗うのか、どれほどの皿を使っているのかによって容量は変わります。また、料理好きの人にとっては、ガスコンベクションオーブンも検討対象。通常は、食洗機やオーブン、排気フード、また浄水器やディスポーザーまでがキッチンと一体にして納める範疇です。加えて、キッチンにはさまざまな家電製品にあふれています。冷蔵庫をはじめとして、炊飯器、パン焼き器、オーブンレンジ、トースター、コーヒーメーカー、ジューサー、ミキサー、等々。表に出ていても見苦しくないように考えなくてはいけません。そして、世界各国の料理を楽しむ日本人は、所有する食器類や食材、調味料も多くなりがち。すべてのモノを効率よく納めることが求められます。

キッチンは、家事効率を考えてI型、II型、L型などの配置のタイプがあります。ダイニングとの間の壁を取り払って広々とした一体感をもたせる、壁から離したアイランド型も人気です。家族の様子を見ながら家事ができる、ホームパーティーで準備や片づけ中で

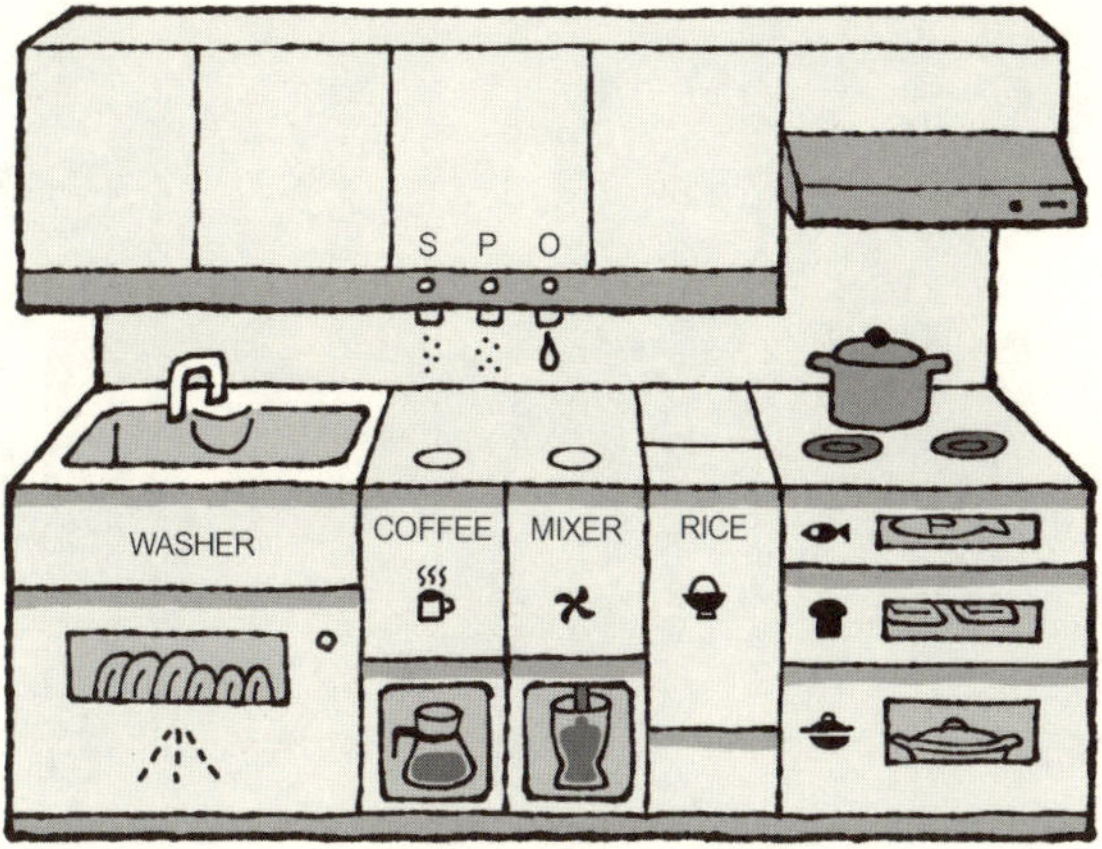

もおしゃべりができることもメリット。かつては北側に押しやられていたキッチンですが、明るく爽やかなオープンキッチンとして家の中心に鎮座する司令塔へと変貌したのです。これに伴い、キッチンが造付け家具のように見える仕上げが増えてきたようです。ただし、調理中の手元が見えたり調理後の汚れ物が食事中に見えるのはあまり気持ちのよいものではありません。手元を隠すカウンターを立ち上げて「やや閉じる」例もあります。また、キッチンとダイニングの間に吊り戸棚がないと収納量は限られますし、週末に食材を買い込むスタイルも増えているので、キッチンの一部か脇に設けるパントリー（食品庫スペース）も人気があります。

寝室は寝るためだけにあらず。その他の活動もまた楽し

chapter 1
7

核家族の家の個室は、大きく分けて**主寝室**と**子供室**の2種類。主寝室は、家全体の面積の都合もあるためか、夫婦が一緒の部屋で寝ることが想定されています。ただし、生活サイクルが異なる、いびきに我慢がならないなどの理由で、夫婦別室で過ごす家庭も案外多くあります。**主寝室の主な目的は寝て、体を休めること。**外の日光や寒さを和らげるために、昔の寝殿造りの家では「塗籠《ぬりごめ》」、民家でも「ナンド」と呼ばれる閉鎖的な部屋がありました。寝るためだけを考えれば、暗く静かで適度に狭いほうが落ち着くでしょう。ただ、夫婦の会話や性の営みを含めると、リラックスできるゆったりとした雰囲気をつくることも大事です。主寝室には、ウォークインクローゼットを備えることも多くありますが、寝室スペースとの凌ぎ合い。換気扇は付けておいたほうが、衣類などから出る湿気がこもらずにすみます。西洋式にはバスルームが主寝室に直結してほしいところですが、やはり面積の都合か、時には階をまたいで離れた位置に設けられることがほとんどです。

子供室は寝たり、勉強したりくつろいだり友達と遊んだり、と多くの活動がされる空間

寝室にふさわしい部屋とは？

です。子供には早くから個室を与えて自立を促す西洋スタイルが形式だけ模倣されてきましたが、家族の共有空間や親の寝室と付かず離れず、という曖昧なスタイルもメリットが多くあるでしょう。とりわけ、鍵も付けて大人の干渉を遮断し、何をしてもよい「自由な部屋」に不安を覚える親は多くいます。リビングを通らないと子供室に行けない間取りにするほか、子供室はほぼ寝るだけの部屋にする家もあります。その場合、勉強机セットを買うよりも家族全員で使えるカウンターのある「スタディコーナー」を設けたり、ダイニングの一角に本棚や筆記具を収納する引き出しなどを設け、ダイニングテーブルで勉強しやすい環境を整えたりしているようです。

chapter 1
8

日々の生活で欠かせない入浴習慣。機能とリラックス感を両立させる絶えざる試み

自由になる水まわりの代表例・風呂

体の汗や汚れを洗い清潔にするための**風呂**。日本では蒸し風呂タイプの「風呂屋」、沸かした湯を浴槽に入れて浸かる「湯屋」が発展し、それに続いて銭湯が戦後に一気に増えました。しかし、同時期に一般の家庭でも「**内風呂**」を備えるようになり、徐々に普及。2000年頃には内風呂の普及率は90％を超えるまでになっています。

風呂は家の隅のほうに設けられることがほとんどでした。火を扱うことが理由の一つ。台所仕事の合間に風呂の火を扱えるように浴室と台所が近づき、隣り合うようになりました。底部が鉄製の桶風呂「**五右衛門風呂**《ごえもんぶろ》」や浴槽全体が鉄製の「**長州風呂**」も薪をたいて湯を沸かす仕組み。これが都市部でガスが普及するとともに、ボイラーからの湯を提供する給湯型へと変化。火の管理が不必要になり、建物の中での位置も自由になりました。風呂が隅にあった他の理由は、水気は建物にとって腐れをもたらす大敵であるため。不具合

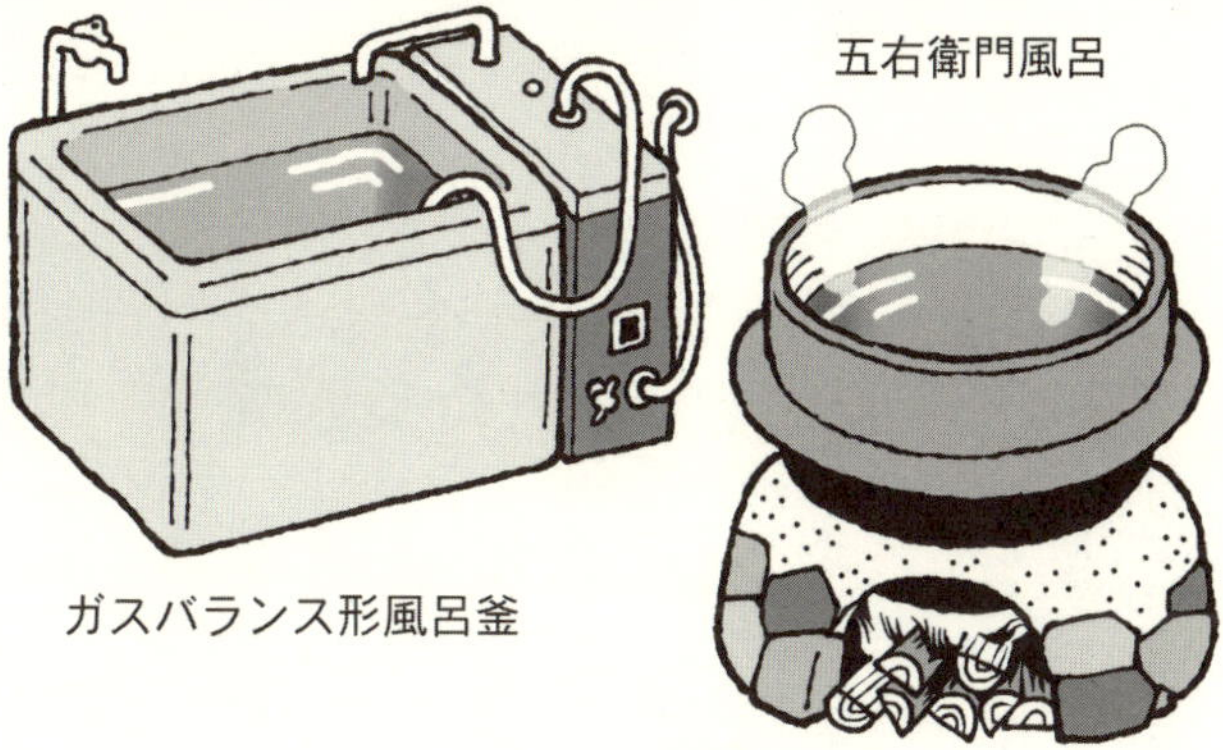

かつての風呂

があっても補修しやすく、また水を扱う設備も1カ所にまとめたほうがコストを圧縮できます。しかし、防水技術や換気設備などの発達によって、浴室の位置は自由になりつつあります。銭湯や温泉を娯楽やリラックスの場として楽しんできた日本人にとって、家の中での位置を含めて浴室を大事に・自由に考えることは、必然なのかもしれません。

つくり方・浴槽ともに折衷の潮流

現代の戸建住宅の浴室は、大きく分けて在来工法とシステムバス（ユニットバス）があります。在来工法は、浴室の広さをはじめ、床・壁・天井の仕上げ材、窓や扉、浴槽や水栓機器の種類などを自由自在に組み合わせてオリジナルでつくりあげるもの。

それに対してシステムバスは、工場であらかじめつくられたパネルや部材を現場に運び込んで組み立てるもの。在来工法では仕上げの石やタイル、木にこだわるなどして好みの空間が得られる一方で、工事する期間が長くなる傾向にあります。システムバスでは均質的になる一方で、工事する期間は圧倒的に短いのが特徴。防水性に優れ、2階や3階に浴室を設置する場合はよく用いられます。保温性が比較的高く、清掃しやすいこともメリットです。仕上げなどの選択で自由度のかなり高いシステムバスメーカーも出ていますが、いまだ高額です。また、在来工法とシステムバスのいいところどりをした「**ハーフユニットバス**」もあります。これは防水面で不安のある床から浴槽立上がり部までを一体化したもので、それより上の壁や天井の仕上げは自由につくることができます。

浴槽のタイプは、大きく分けて和式（和風）、洋式（洋風）、和洋折衷の3種類。和式は膝を折って浸かる深型で、洋式は寝そべるように浸かる浅型。和洋折衷はその中間です。高温多湿な気候の日本では、浴槽にお湯を張って浸かり、浴槽の外で身体を洗うスタイルが一般的。浸かるときには大きすぎると体が浮いてきて落ち着きがなくなりますが、ある程度のゆとりがほしいため、和洋折衷が現在の主流です。**浴槽の設置方法は、据え置き型、埋め込み型、半埋め込み型の3種類**。洋風バスタブを床の上にポンと置くスタイル、温泉

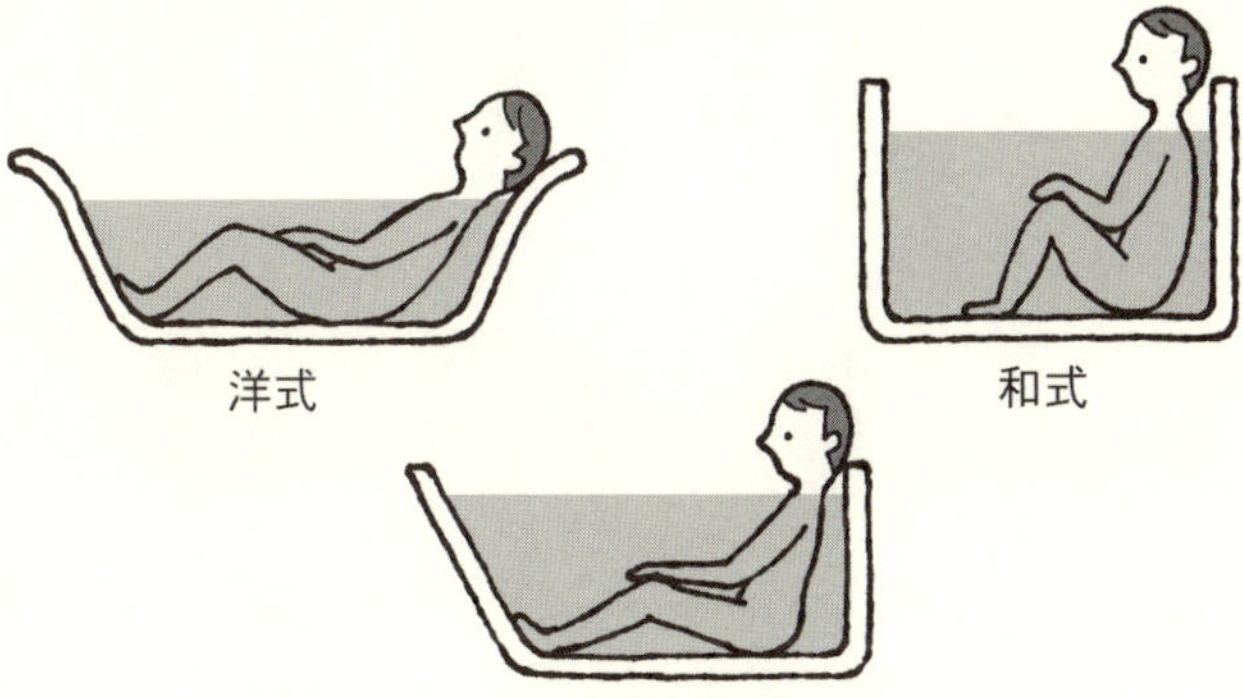

浴槽の種類

で時折見られるように浴槽を床に埋め込むスタイルもありますが、大半は半埋め込み型がとられています。またぎやすく洗い場の汚れが浴槽に入り込まないように浴槽の約3分の1を床に埋め込み、床から30〜40cmを立ち上げる形式です。

入浴をさらに快適にする装置

浴槽の素材は、現在では人工（人造）大理石とFRPが主流。金属材料表面にガラス質の釉薬を焼き付けたホーロー、またタイル、ヒノキなどの木もその質感から根強い人気があります。

浴槽の形状は、各メーカーがしのぎを削って開発しています。限られた面積の中でもできるだけゆったりと入れるほうが気持ちよいですが、湯量が多くなるということはそれだけ光熱費がかかるということ。浴槽内にステップを設けて上部はカーブを付けて洗い場に張り出した浴槽など、節水効果をもたせながら広がり感を出す製品も出ています。

浴室まわりでも、新たな設備機器が登場し高機能化が進んでいます。自動湯はりや追い焚き機能はもちろんのこと、スマートフォンや携帯電話を使って外出先から湯はりをし、帰宅したらすぐに入浴できるシステムも登場しています。

浴室換気乾燥機は、入浴前に浴室を暖めておく予備暖房機能、浴室使用後の換気機能、衣類乾燥機能、涼風機能といった多用途で使うことができます。特に冬場の寒い浴室では「ヒートショック」と呼ばれる血圧の急激な上昇や下降が起こりがち。高齢者を中心に、入浴中に起こる突然死の大きな要因となっています。浴室換気乾燥機、また洗面室暖房機を設置すること、また高気密高断熱とすることは室内の温度差解消に役立ちます。

浴槽自動洗浄機能が付いたシステムバスもあります。風呂フタを閉め、スイッチを押せば残り湯の排水から浴槽の洗浄・すすぎまで全自動でしてくれるというものです。

chapter 1
9

お釣りが来るほど楽しみたい？快適さが追求されるトイレ空間

その名の通りの部屋「便所」は、英語のトイレット由来の「**トイレ**」に取って代わられています。英語には「化粧室」という意味合いがあり、日本でも「化粧室」と言い換えられます。「お手洗い」「お手水」は、用をたした後に手を洗うことから。昭和より前には、「はばかり」や「雪隠《せっちん》」などと奥ゆかしく表現されていました。「厠《かわや》」は、小川の上に便所を設けた「川屋」に由来するといいます。いわば天然の水洗トイレです。

水洗式より前は、汲み取り式が主流でした。江戸時代、街の長屋では共同便所がつくられ、人の大小便は農作物の肥料として、高値で売買されていたといいます。昭和に入り下水整備が進むとともに、水洗式トイレの普及も進みました。トイレ換気用の地窓や窓は必ずしも必要としなくなりましたが、小さな換気扇を付けることが一般的です。便器は和式と洋式がありますが、戦後から洋式便所が戸建住宅で普及し、現在ではほぼすべてが洋式。昭和の中頃までは家に男性用小便器も備えることがあり合理的でしたが、スペースの都合のためか洋式便器に統合。代わりに、男性も飛び跳ね防止で座って小用をたすスタイルが

トイレはいろいろな呼び方をされる場所

定着しつつあります。それでも内装にはタイルや石、ビニルクロス、塩ビシートなど水拭きしやすい仕上げ材を用いることが一般的です。

昭和の末期から急速に普及したのは、**温水洗浄便座**です。「ウォシュレット」はTOTOの商標登録名。他の主なメーカーとして、LIXIL（INAX）は「シャワートイレ」、パナソニック（旧・松下電器産業）は「ビューティ・トワレ」で商品を展開しています。現在の普及率は、約70％。脱臭機能や洗浄音をカモフラージュする音を出す機能などが備わるほか、スマートフォンと連動して健康管理する製品も登場。いまや「トイレに行ってくる！」と堂々と言える快適な部屋になっています。

chapter 1
10

分かれるか一緒になるか。洗面所と脱衣所の付かず離れずの関係

洗面所と**脱衣所**。それぞれ名前のとおり顔を洗い、服を脱ぐところですが、スペースの都合でまとめて「**洗面脱衣室**」として浴室の手前に配されることが多くあります。本来は分けたほうが、誰かが入浴中にも洗面所を気兼ねなく使えることは確か。家族が多かったり、使う時間が重なる家庭の場合は便利です。来客に洗面所を使ってもらう際にも、気後れすることはありません。浴室と洗面・脱衣所との間をガラス張りとし、時にはトイレも同室でホテルのスイートルームのようにするプランもあります。広がりや明るさを得やすいのが特徴ですが、来客用の洗面所やトイレは別に設けることが必要かもしれません。

洗面脱衣室では化粧、身支度、髭剃り、歯磨き、そして洗濯や室内干しなどもされます。気持ちよい生活を送るための機能が集約される一方で、モノがあふれて生活感が出やすいところ。サニタリーグッズや洗剤、タオル類、家庭によっては下着やパジャマなどを納める十分な収納量を確保し、扉を適宜つけて隠します。洗濯機も扉で隠すこともありますが、スペースと使い勝手の都合によります。化粧や身支度のためには、ある程度明るいことが

生活感が現れやすい洗面脱衣所

必要。適宜点灯できるようにしておきます。

洗面台まわりは、オリジナルでつくるパターンと、システム化された既成品を使うパターンがあります。前者は好みの洗面ボウルや水栓金具、カウンターなどを組み合わせられるのがメリット。洗面ボウルは、カウンターの上に置く「置型」、カウンターに穴を開けて埋め込む「埋め込み型」「半埋め込み型」などがあります。

洗面ボウルはスペースや清掃のことを別にすれば、複数個あると朝の混雑時にはいいでしょう。深型のスロップシンクが別にあれば汚れ物を洗うことができて便利です。洗面所に用いられる仕上げ材料は、トイレなどと同様に汚れにくく手入れがしやすいものが多く用いられます。

chapter 1
11

インテリアの要となる大事な床。床の役割を踏みしめて味わう

重いモノが載っても床は抜けないか

床は、人がその上で過ごし、モノを支える重要な面。2階より上の階では、床にかかる重さを梁や桁などを介して下の階の柱に伝え、1階床は土台や基礎などを介して地面に重みを伝えます。床仕上げの下は、**床組み**と**床下地**と呼ばれるもので成り立っています。1階では、基礎や束石《つかいし》で支える大引《おおびき》→根太《ねだ》と渡すのが床組み、その上に張る合板が床下地。その上にフローリングなどの床仕上げ、と長いほうを交互に直交するように留め付けていきます。2階では、梁に直交させて根太を組み、合板→床仕上げと留め付けます。

住宅の床は通常、1㎡あたり180kgの重量に耐えられるように建築基準法で設定されています。オフィスや教室などでは、人やモノがもっと多く載ると想定されています。しかし、アップライトピアノは200〜300kg、グランドピアノは300〜400kg。ギッシリと詰めた本棚もそうとうの重さになります。床が傾いたり抜けたりすることはない

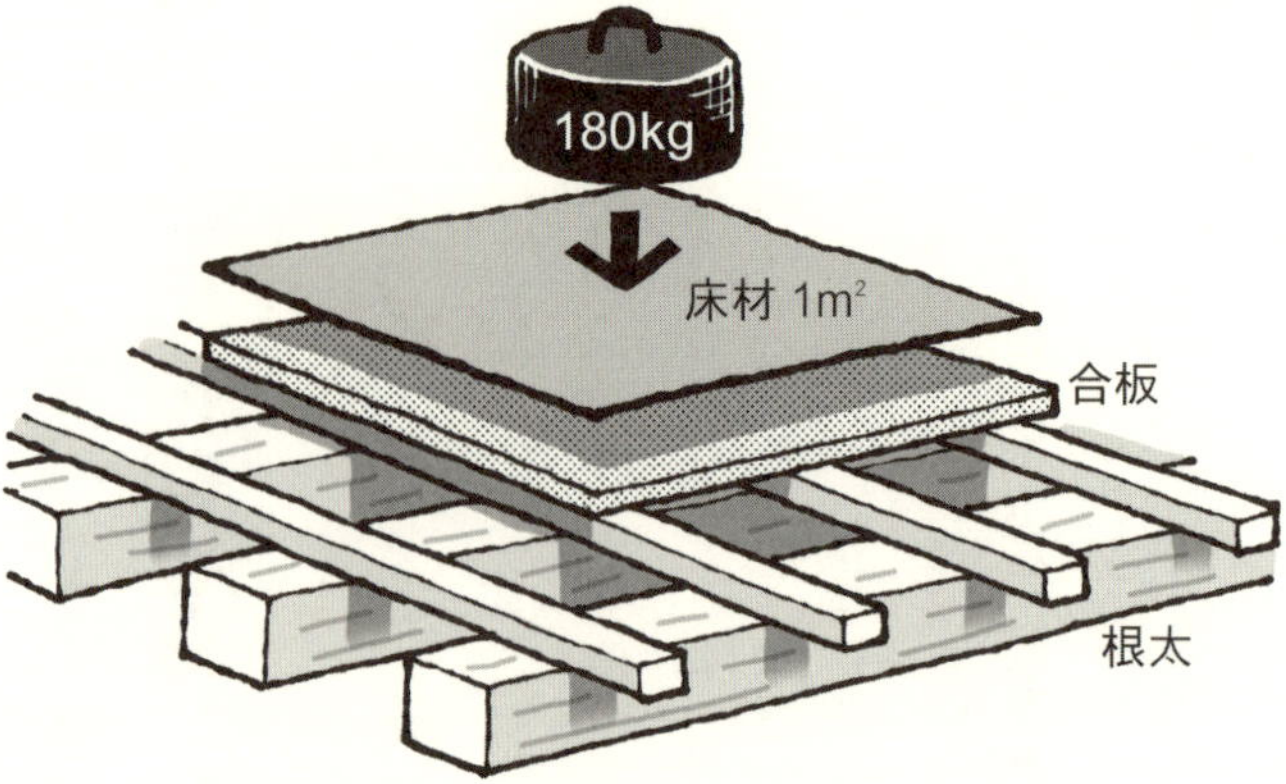

床が耐えられる重さは180kg/m²が基準

のでしょうか。実際にはピアノや本棚の重みは、床組みや床下地で分散して下のほうに逃げるため、通常は問題ありません。ただし、重いモノをずっと偏って置くことがあらかじめ分かっていれば、根太の間隔を狭めて数を増やすなどの床補強を行います。

使う場所に応じた床仕上げ

室内では靴を脱ぎ、時に素足で過ごす日本人にとって、床の仕上げは直に接する重要な要素です。また、床は普段視界に入りやすく、仕上げに何を選ぶかによって部屋の雰囲気はまったく異なってきます。

最も人気のあるのは**フローリング**。天然の木を加工した板そのままの無垢《むく》材は、**肌触りのよさや木目、色合い、風合いが秀で**

ています。ただし**無垢材は乾燥で収縮して隙間や反りが出やすく、特に床暖房を入れる場合は確実に影響が出ます。**床暖房対応の製品もありますが、樹種は限られ、幅が狭く長さが短いものが一般的です。そこで登場したのが、合板の表面に０・３㎜ほどの突き板と呼ばれる薄い木材を貼り付けた「複合フローリング」。樹種の選択肢は多いのですが、深い傷が付くと下の合板が見えることがあるため、１～２㎜の突き板やさらに厚く挽《ひ》いた板を貼った「厚付き」フローリングも人気が高まっています。

フローリングの表面には、木材を保護するために塗料やワックス、オイルなどを施すことがほとんどです。大きくは、ウレタン塗装をはじめとするコーティング系塗料と、オイルやワックスの浸透性塗料に分けられます。保護力が強いコーティング系塗料は以前はツヤのあるものがほとんどでしたが、最近では半ツヤやツヤ消しも多くみられます。浸透性塗料は木材の内部に浸透させるもので、木本来の表情や質感を楽しめるのが特徴。オイル・ワックスともに、１年に一度を目安とした再塗装が必要です。仕上げ材全般にいえることですが、昨今ではメンテナンスに手間はかからないけれど「ツルツル・ピカピカ」した材料よりは、素材そのものの質感を生かした仕上げへの人気が高まっています。

カーペットは、クッション性があって感触がよく、暖かく、吸音性が高いのが特徴。カーペットが敷き詰められた部屋にはホテルのような独特の高級感が漂います。ダニが繁殖

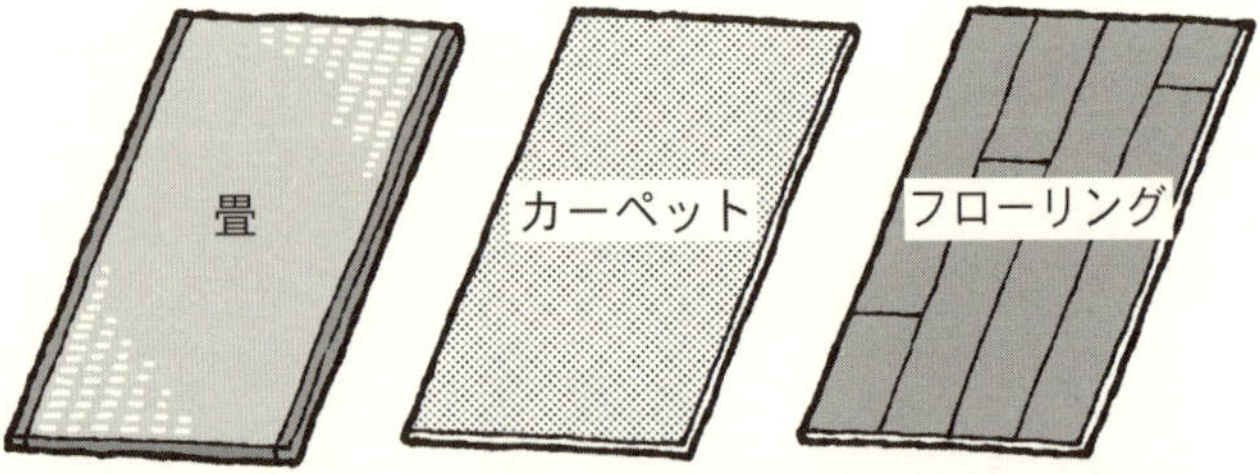

◎ 弾力性
吸湿性
吸音性
× 張り替えが必要

◎ クッション性
暖かさ
吸音性
× ホコリがたまる

◎ メンテナンスがラク
見た目のスッキリさ
× ホコリが舞う

床材それぞれの特徴

しやすいとフローリングに置き換わった印象があるものの、**ホコリやチリ、ダニが空中に舞わない**のはメリットです。材質や品質、色彩、柄や厚さは多種多様。天然素材の麻やヤシでつくられたものもあります。

畳は肌触りがよく、弾力性や断熱性、吸湿、吸音効果に優れた床材です。畳は中の畳床、畳表、縁から成っています。畳床は乾燥した稲藁を交互に積み重ね、縫い通してつくられていましたが、現在ではポリスチレンフォームやインシュレーションボードという板が多く用いられます。畳表の原料は「い草」で熊本、福岡、佐賀、広島などで栽培されていましたが、現在では安価な中国産が畳製品の約9割を占め、国内のい草農家は急速に消滅しつつあります。

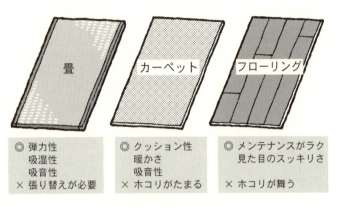

家の中で面積の広い、壁の仕上げ。スタイルや仕上がり感で選ぶ

chapter 1
12

壁について、外壁に求められる役割や仕上げについては後で述べることとして、まずは室内側から見て行きましょう。洋室では柱を見せずに覆う**大壁**、和室では柱を見せる**真壁**《しんかべ》がつくられます。どちらも、現在は下地として石膏ボードを打ち付けることが主流。その上に各種仕上げを施します。

壁仕上げの主流は、**壁紙**。安価で色や柄の種類が豊富なビニルクロスがほとんどです。耐水性があり汚れを拭き取ることができるので、洗面所やトイレ、キッチンなどには特に向いているでしょう。抗菌や消臭、調湿効果をもつ機能性クロスも登場しています。高い質感を持つ和紙や自然素材の壁紙も根強い人気があり、居間や個室で使われます。

板張りの仕上げでは、フローリングと同じように無垢材と複合材があります。壁一面を板張りにするほか、腰の高さまで板張りとする「**腰壁**」もスタンダードなスタイルです。シナベニヤ、ラワンベニヤなどの合板を仕上げとするものや、通常は隠れてしまうラーチ合板などの構造用合板を表に出して仕上げにする事例も見受けられます。

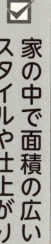

左官仕上げが
見直されてきている

壁紙が主流

壁のいろいろ

左官《さかん》仕上げと呼ばれる塗り壁は、質感があり光を受けたときの表情が豊かで人気です。調湿効果があることや有害化学物質を出さないという点でも、見直されています。石灰石を原料とする漆喰《しっくい》、珪藻土《けいそうど》などが現代の住宅では主流で、色が付けられた製品もあります。左官仕上げの下地には、石膏ボードに窪みを付けて左官材料が付きやすくした石膏ラスボードが用いられます。ペンキ仕上げとも共通しますが、塗る仕上げで綺麗にするには、下地の面を平滑にすることがなにより肝要。上塗りと下塗りの前には、ボードの継ぎ目にパテを塗ってヤスリがけをする作業が延々と行われます。手間がそれほどかからず価格を抑えられる、吹付け壁もあります。

天井裏は忍者が潜むためだけにあらず。機能的にも意味のある、天井のさまざま。

chapter 1
13

天井を張らずに、屋根裏や2階の床組みをそのまま見せるような家も多くなりました。しかし、屋根の断熱や2階床仕上げの仕様などに気をつけないと、夏場に暑かったり足音がうるさかったりして悩まされます。**天井を張ることには、機能的な役割がある**のです。現代の家では配管や配線も多く、天井はそれらを隠す機能もあります。ダウンライトや間接照明など、照明を天井に埋め込んで目立たなくさせることもあります。

床面から天井面までの天井高は、現代の居室では2・4mが標準的です。兼好法師は「天井高きは、冬寒く、燈《ともしび》くらし」と書きました。和室では部屋が狭くなるほど天井高を低くしたほうが落ち着くもの。一方、洋室では部屋が狭くなるほど天井高を高くしたほうが落ち着くようです。**法的には天井高が平均2・1m以上あることが求められていて、それ未満であれば居室としては認められず**、納戸や収納などの用途でしか使用できません。

天井は、次のように張られています。梁や胴差《どうさし》といわれる横木に吊木《つりぎ》受けを渡し、吊木を下げ、そこに野縁受けを渡し、野縁《のぶち》を取り付け、石膏ボードなどの下地を張り、クロス

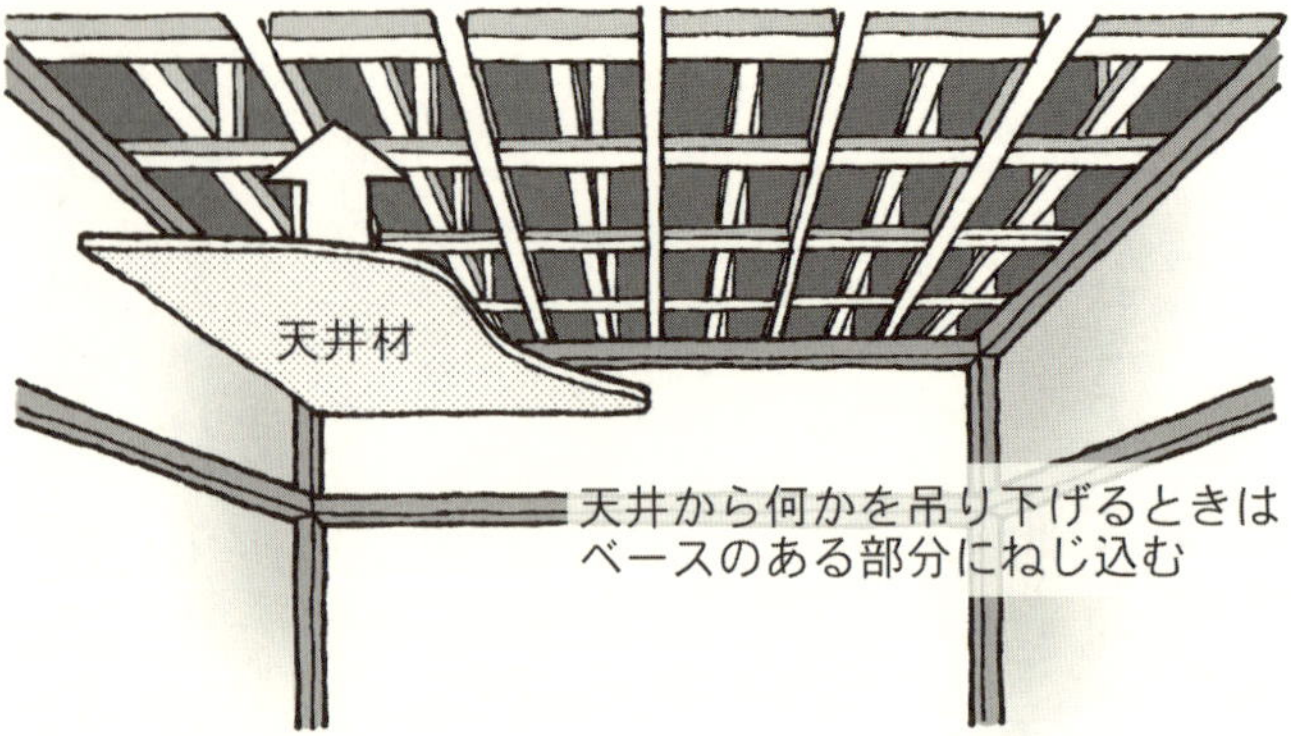
天井材
天井から何かを吊り下げるときは
ベースのある部分にねじ込む

天井は張ってあるだけ

などの仕上げを施します。仕上げの天井パネルや天井板を野縁にそのまま留め付けることもあります。天井付近には暖まった空気が上昇してぶつかるところなので、汚れがつきやすいところ。メンテナンスやコスト面から、ビニルクロスが多く使われています。また、リビングなど広い部屋では音が響き過ぎることもあり、吸音パネル材を用いることも。板張りは主に和室で**船底天井**や**格天井**など、形状や張りパターンとともに発展してきましたが、あまり見られなくなってしまいました。代わりに、洋室の天井でフローリングのように張る例は増えているようです。もちろん、壁と同様にペンキや漆喰の仕上げもあり、壁と統一すると部屋に一体感が生まれます。

chapter 1
14

さまざまな条件や要求がカタチとなった開口部。取り付ける場所や目的で適切なものを選ぶ

開口部にまつわる用語を整理すると

窓や**戸**、**ドア**、**扉**。これらはまとめて「**開口部**」といわれます。人の出入りする開口部を戸・ドアといい、人の出入りできない開口部を窓といいますが、床面まであいている掃出し窓＝引違い戸は例外です。機構から見て、蝶番《ちょうつがい》を付けた「扉」は開き戸、左右に滑らせる「戸」は引き戸を指すことが多いようです。

窓や戸の開閉方式はさまざま。取り付ける位置や目的によって選んでいきます。再び方丈記を引用すると、「細かなるものを見るに、遣戸《やりど》は蔀《しとみ》の間よりもあかし」と兼好法師は記しました。室内を明るくして小さなモノを鑑賞するには、蔀という外に跳ね上げる戸よりも引き戸のほうがいい、といった具合にです。

「夏をむねとすべし」を心がけて風を通り抜けやすくするには、部屋の両側で窓を対面させます。**窓の一方を低く、他方を高くすると、高低差で動く空気の特性を利用してさらに**

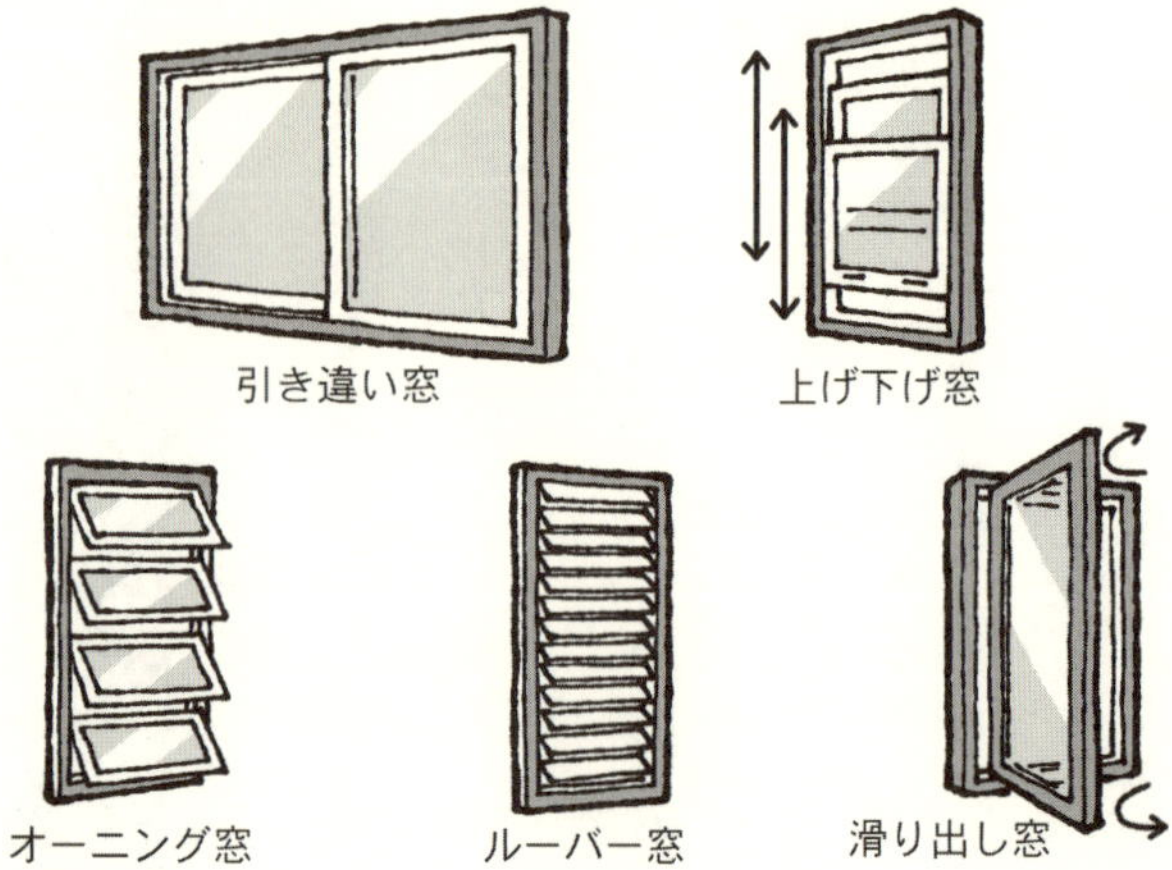

風は抜けやすくなります。高い位置に設ける窓は、日光を室内に採り入れやすいことも特徴です。もっとも、**日光を一番多く採り入れることができるのは、トップライト（天窓）**。建築基準法では、トップライトは通常の窓の3倍採光できるとみなされます。雨漏りしないよう十分に配慮して取り付けます。

窓の枠とガラスは何を選ぶか

さて窓には通常、ガラス入りアルミサッシが多く使われています。この**アルミサッシは軽量で耐候性が高く防火性に優れている**ため、戦後にそれまで主流であった手づくりの木製サッシに取って代わられました。

ただし、**アルミは熱を伝えやすいので結露しやすい**のが難点。木製枠や樹脂枠の室外側をアルミ材でカバーしたアルミクラッドという窓も登場しています。さらに**熱を伝えにくく断熱性に優れているのは、枠のすべてが樹脂の樹脂サッシ**。アルミよりも見た目が少し無骨になりますが、寒冷地での普及が進んでいます。**インテリアでの馴染みのよさでは、木製サッシが一番**。気密性などを高めた木製サッシの製品も、北米やヨーロッパ、日本のメーカーなどから出ています。

窓枠にはめ込むガラスも、さまざまな機能をもつ製品が販売されています。複数のガラスの間に乾燥空気を封入して断熱性を高めた「ペアガラス（複層ガラス）」、特殊な金属膜をコーティングして日射熱を遮る性能と断熱性を高める「Low-E ガラス」、2枚のガラスの間に強靭な膜を挟んで万が一割れても飛散しない「合わせガラス」「防犯ガラス」などです。なお、昭和の香り漂う「曇りガラス（摺りガラス）」や「型板ガラス（レトロガラス）」にも、上記のような機能性をもたせた製品が発売されています。

玄関扉はどちらに開けるのか

玄関扉は外開きか内開きか。日本では圧倒的に外開きが多く、注文住宅でもどちらか問われることはほとんどないでしょう。雨水が玄関に入り込むのを防ぎやすいですし、内開

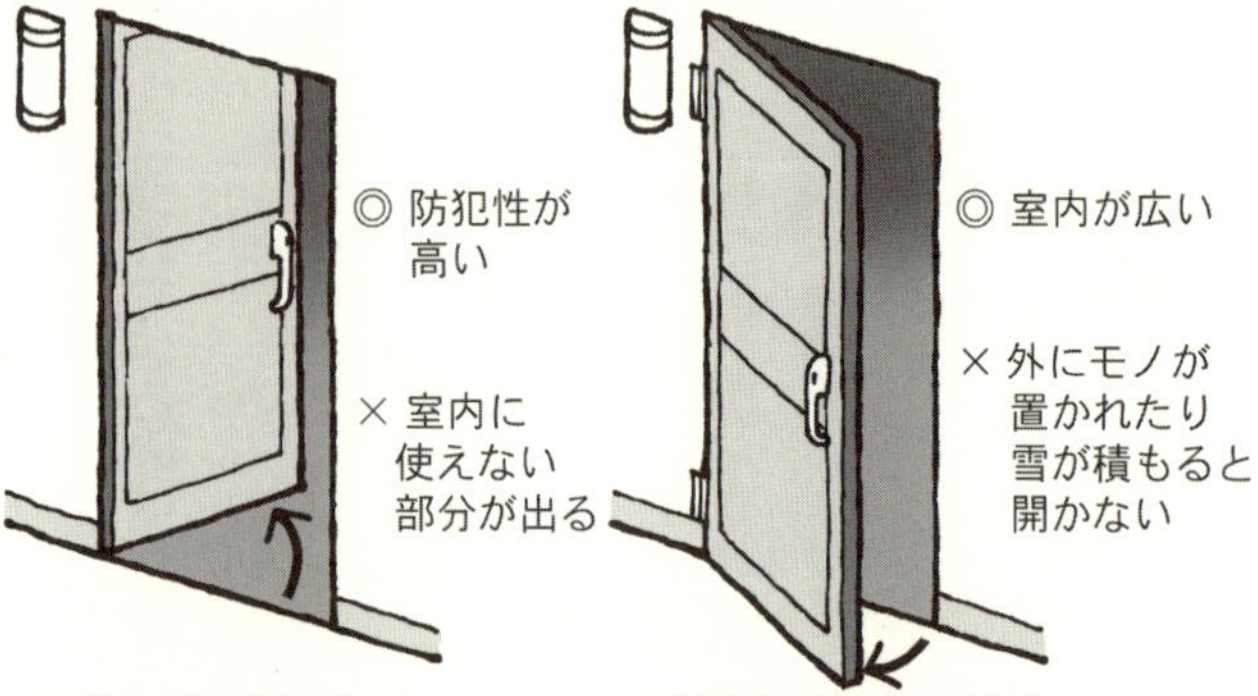
◎ 防犯性が高い
× 室内に使えない部分が出る
内開き（西洋に多い）
◎ 室内が広い
× 外にモノが置かれたり雪が積もると開かない
外開き（日本に多い）

ドアの開く方向の違い

きでは開閉するときの軌跡分がデッドスペースになってしまいます。靴を脱いで玄関に置いておく日本では、外開きが定着するのは必然だったのかもしれません。また、災害発生で避難するときに外に扉を開けて逃げやすいというメリットもあります。

西洋では、内開きがスタンダード。敵の侵入時に押し返したり重いモノを置いて抵抗するには内開きのほうが有利だからです。また外開きだと蝶番が露出してしまい、蝶番が破壊される可能性もあります。この点は最近では改良が加えられ、外開きでも防犯性を高めた製品が普及しています。さらに、「お客様を迎えるには、『いらっしゃい』と扉を内に開くべき」と、内開きにこだわる設計者もいます。

襖と障子の登場で独特の発展を遂げた日本建築。現代的な材料が使われる障子も普及する

日本建築で生まれた最大の発明品、それは**障子**です。もともとは板を張った建具「遣戸《やりど》」「舞良戸《まいらど》」から、格子状に組んだ木に唐紙を貼った「襖《ふすま》」が生まれ、さらに「明障子《あかりしょうじ》」として平安時代に分離したのが障子です。戸を閉じたまま室内の奥まで日光を取り入れることができるため、普及が進みました。鎌倉時代に現れた武家づくりが発祥とされる「田の字型」の農家では、和室が隣り合わせで広がりますが、この間取りを支えたのが障子といわれます。谷崎潤一郎の『陰翳礼讃《いんえいらいさん》』で言及されている「ほの白い紙の反射」は、戦前の日本家屋では一般で見られたほの暗さの文化であり、日本人の美意識を形づくっていた要素でした。指一本でも開けられる軽快な操作、仕切りながら光を通す紙と木の建具は、西洋の重厚な扉とは対照的です。

ガラス窓が普及するに従って、また和室が減るに従って障子は少なくなりつつあります。それでも、ガラスを下半分にはめて障子を上下に開け閉めできる「雪見障子」などがつくられ、和室に欠かせないアイテムとして定着しています。障子紙として、手漉《す》き和紙と機

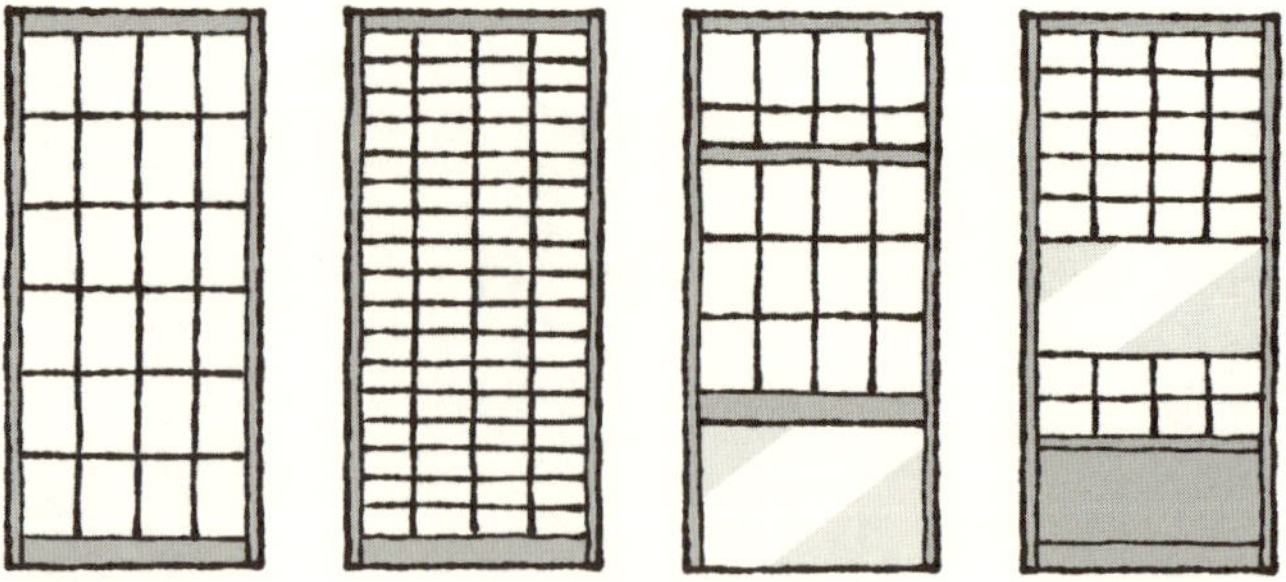

荒組障子　横繁障子　雪見障子　横額障子

械漉きの和紙がありますが、最近ではレーヨンの障子紙、和紙と樹脂を組み合わせたシートなども普及しています。木の組子のパターンもさまざまありますが、障子紙が幅広にできるようになったので、組子の割り付けを大きめにすると洋室にも合います。

　襖は、格子状の骨組みの表と裏に紙を張り、中を空洞としてあるため光や熱を遮る性能が多少あり、障子よりも間仕切り壁のような役割がもたせられてきました。そして、室町から江戸時代に活躍した狩野《かのう》派に代表される、絵師のキャンパスともなりました。今もなお、空間に応じた障壁画は私たちの心を揺さぶります。伝統と現代技術の先に、現代の家に合った障子や襖が生まれることを願ってやみません。

chapter
2

家の外側、構造の秘密

―建物が分かると住み方が変わる?―

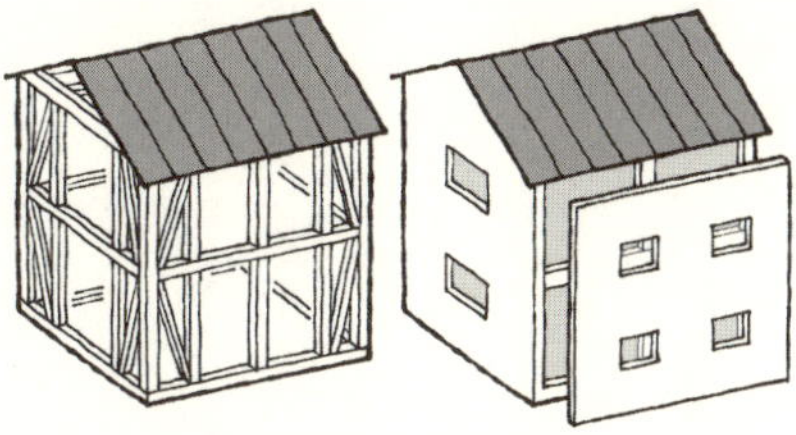

スタンダードな家の構造は3種類。骨組みの種類によって異なる特性を活かす

chapter 2
1

家は人の体に例えるなら、骨を組んで肉付けをし、皮で覆って形づくられているイメージです。それで「**家の構造**」というときには、家を構成する主要な骨組みとして何の材料が使われているかを指しています。材料が**木であれば木造、鉄であれば鉄骨造、鉄筋とコンクリートであればRC《リーンフォースト・コンクリート》造（鉄筋コンクリート造）**。

骨組みはまず頑丈であることが必要です。自らの重さを長期にわたって支え、地震や風など外から加わる力に耐えなければなりません。もちろん、骨組みの材料が安定して安く手に入りやすいこと、また工事現場でつくりやすいことが求められます。そうしたバランスから現在主に用いられているのが、前述の3種類です。特に、**日本に建っている戸建住宅の9割以上は木造で、平成20年度でも約86％は木造**と、木が多く用いられています（国土交通省「住宅着工統計」より）。

木造については次で詳しく述べるので、**鉄骨造**と**RC造**から解説しましょう。これらの構造はもともとビルや集合住宅などで用いられたもので、一般の戸建住宅ではややコスト

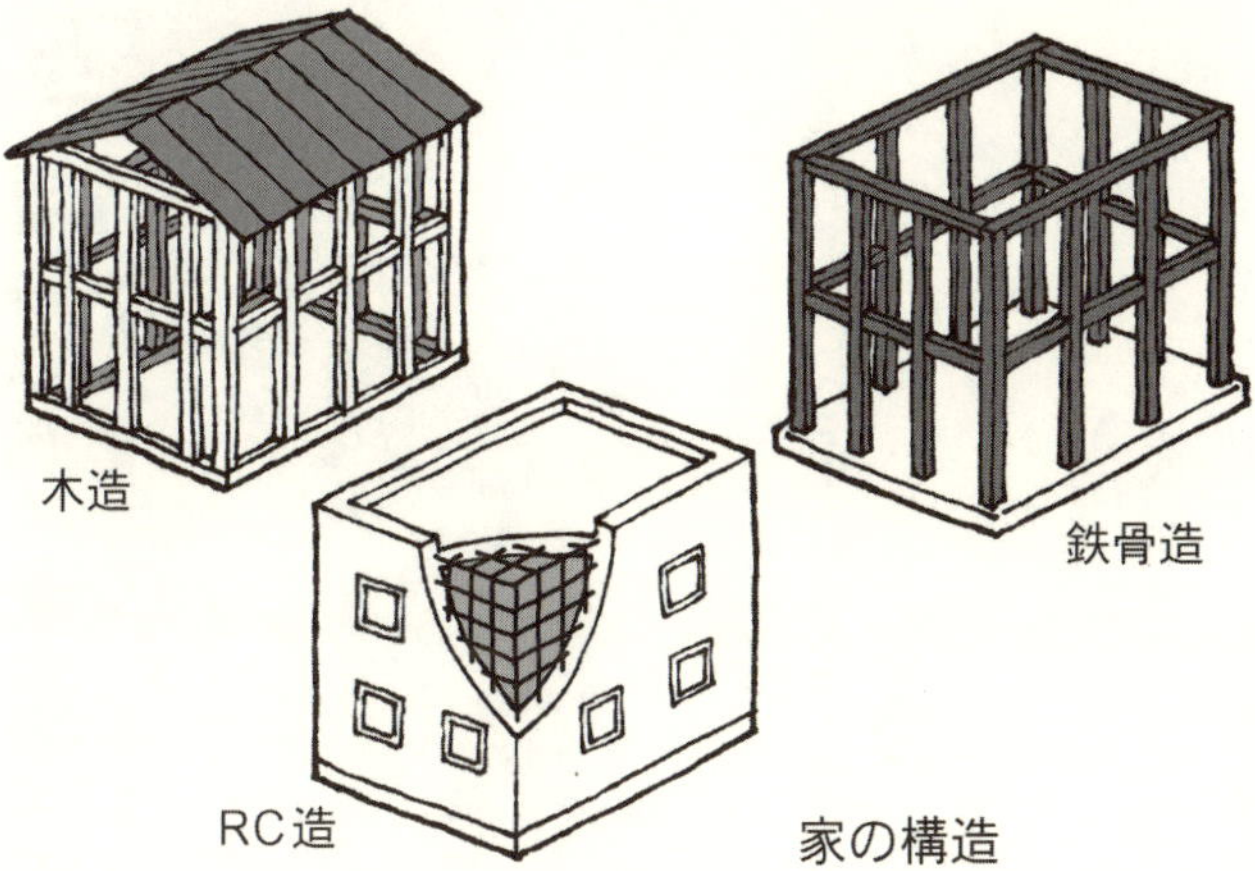

家の構造

高でオーバースペックかもしれません。きちんとした構造計算をすることも必須です。ただ、**耐久性や耐震性に優れる、大きく開放的な空間をつくることができる**といった点で一定の人気があります。鉄骨造には、頑丈な重量鉄骨を使う「鉄骨ラーメン工法」と、薄い鉄材を使う木造的な「軽量鉄骨造」があります。

ＲＣ造は、骨組みとなる部分に鉄筋を組んで型枠で囲み、中にセメント・砂・砂利から成るコンクリートを流し込んでつくるものです。圧縮する力に強いコンクリートと、引張る力に強い鉄筋を組み合わせたとても堅牢な構造は、19世紀半ばに発明されました。腐れやシロアリ、火にも強い構造です。

親しみある木造建築は大きく分けて2種類。在来か外来か、メリットを見極めよう

軽くしなやかな木造建築のメリットとデメリット

木造建築は、主要な骨組みや壁体として木材を使っている建物のこと。「木の家はやっぱりホッとする」といった情緒的な側面以外に、木造建築のメリットはどのようなところにあるのでしょうか。

まずは、入手しやすく安価なことが挙げられます。同じ規模の家をつくるのであれば、**木造は鉄骨造やRC造よりも2～3割は安くなります**。この価格差は骨組み自体の価格差によってのみ生じているわけではありませんが、大きく関わっていることは確かです。

また、工事現場でつくりやすいという利点もあります。柱1本であれば、大工がよいしょっと1人で持ち上げて運ぶことができます。柱や梁を一気に建て込む「建て方」という工程ではクレーン車を導入することも多くありますが、鉄骨部材に比べると格段に軽く組み上げやすいのが特徴です。**木材は柔らかく、加工しやすいのもメリット**。いちど建てた

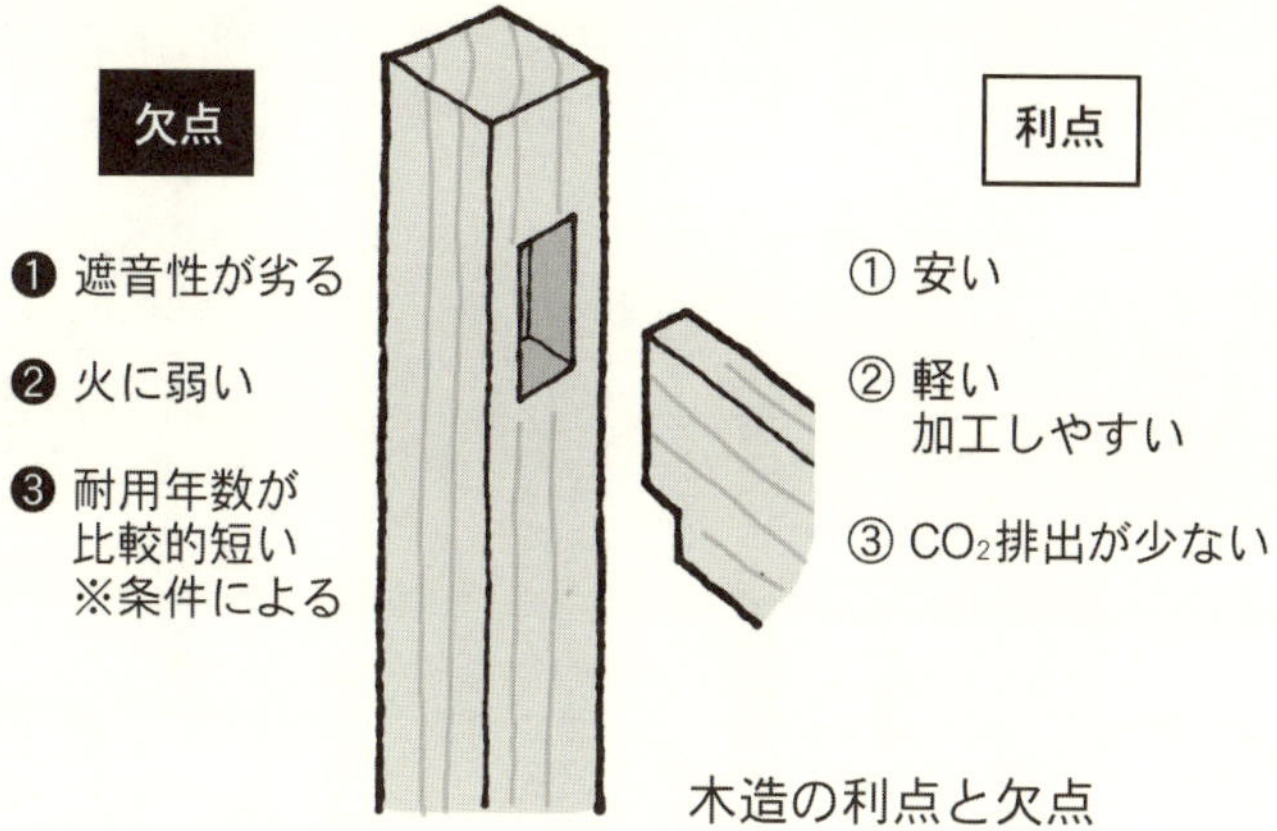

木造の利点と欠点

後の増改築は、他の構造に比べるとしやすいといえます。

そして、**環境的にも木造は他の構造に比べると優れている**といわれます。木材は太陽光などの自然エネルギーで育ち、鉄骨やコンクリートに比べると、製造する際のCO_2排出量が少ないからです。軽くてつくりやすいので、材料の運搬や建てる際にもCO_2排出量が抑えられます。加えて、建っている間はCO_2を木の中に固定しておけます。

一方で**軽く柔らかいことは、デメリットでもあります。壁や床が軽いと、音は伝わりやすい**からです。木造で使われる遮音のための材料も多くありますが、重いコンクリートにはかないません。また、**木は火に**

は弱いとされ、柱や梁を外部にむき出しにして建てることは法律上ほとんどの場合できません。建物を使い続けることのできる**耐用年数は、鉄骨造やRC造に比べると一般的に短い**ともされます。これは木が湿気や虫の害、腐れなどの影響を受けやすく、そうすると建物の重さを支える力が弱くなることによります。ただし、神社仏閣や民家の中には何百年経っても当初の姿を保っている建物も多く、一概に木造は弱いともいえないのが奥深いところです。

日本の在来工法と北米生まれのツーバイフォー工法

日本で建てられる木造建築は、「**在来工法**」と「**ツーバイフォー工法**」の二つがほとんどを占めます。在来工法は「**木造軸組工法**」ともいい、土台、柱、梁などで構成される軸組で建物の重さを支えるもの。現在、日本で建築される木造建築のうち、8割弱はこの工法によって建てられています。

北米で生まれたツーバイフォー工法は「**枠組壁工法**」ともいい、2インチ×4インチ（5・08㎝×10・16㎝）の大きさを基準とした規格材で組まれた枠組に、構造用合板などを打ち付けた壁や床で建物の重さを支えるものです。部材をバンバンと釘打ちして留め付けるこの工法は19世紀初めの開拓時代、高度な技術を必要とせず、早く合理的につく

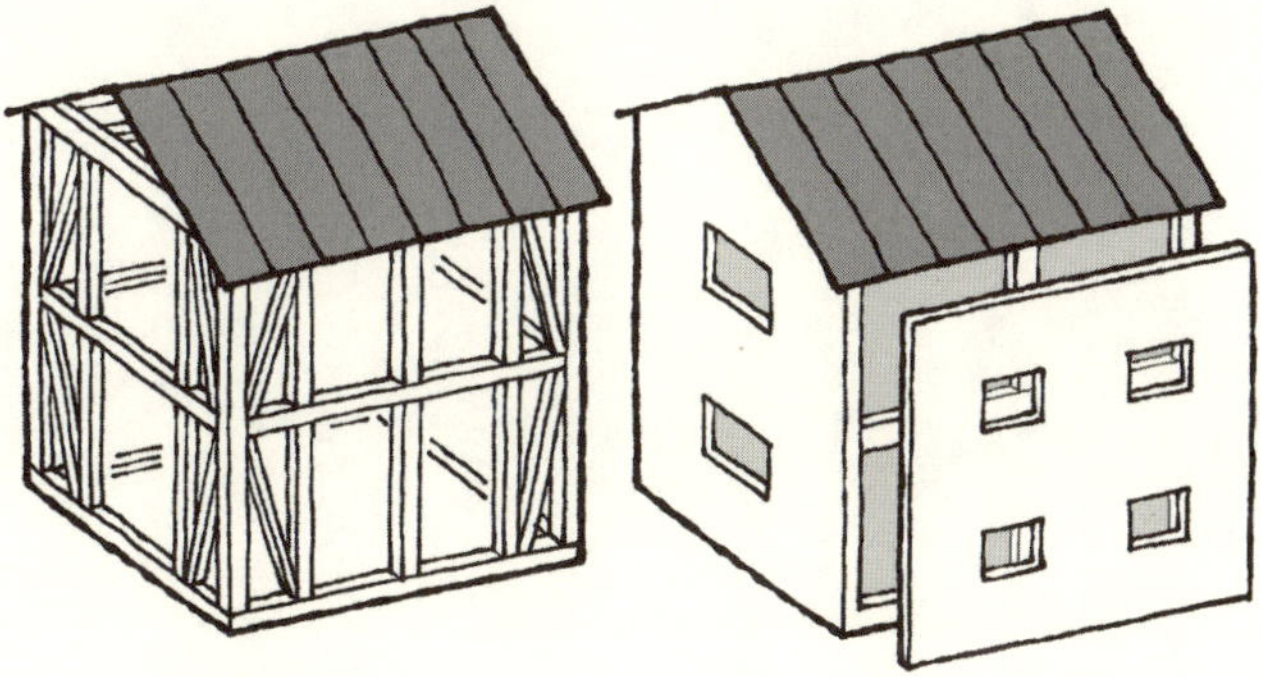

在来工法　　ツーバイフォー工法

木造住宅の工法

れるように生まれました。気密性や断熱性、防火性も得られやすいのが特徴です。

その他、構造部分を工場生産する「木質プレハブ工法」や、ログハウスとして知られる「丸太組工法」もありますが、シェアはごく少ない状況です。

地震大国日本では、いかに地震の力に耐えて建物内の人命を守るかが重要課題です。在来工法でもツーバイフォー工法でも、「耐力壁」と呼ばれる、地震や風圧に耐えるための強い壁を建物全体にバランスよく配置します。在来工法では、この耐力壁は筋かいという斜め材を入れた壁や、構造用合板などの面状の材料を入れた壁を指します。阪神淡路大震災を受けて成立した２０００（平成12）年の建築基準法の改正により、筋かいを含めた構造材同士の接合部は金物で補強することが定められました。また、構造用合板の種類やそれを留め付ける釘の種類や間隔なども、細かく規定されています。

増改築のしやすさという視点で見ると、在来工法のほうが対応しやすいとされています。耐力壁でない壁をとったり窓を設けたりしやすいためですが、大掛かりな増改築をする際には、いずれにせよ専門家の判断を仰ぐほうが安全です。

木造は高いか安いか?

もちろん各部の仕様や間取り、広さなどによって金額の幅はかなりありますが、概して木造の家はすべての構造のうちで最も安くできます。国土交通省の「住宅着工統計」(平成26年度)によれば、持ち家の戸建住宅を構造別にみると、全国平均で木造は1坪あたりの建設単価が約57・4万円、鉄骨造は78・5万円、RC造は78・9万円。ただし、同じ仕様の建物であっても、建てる地域や場所、タイミングによって価格は変わってきます。

一般的に、木造と鉄骨造・RC造では坪単価で20~40万円ほどの差が出てきます。それで、建てられる家は木造が圧倒的に多く、建売住宅ではほぼ100%が木造といってよいでしょう。その他の構造を採用しているハウスメーカーでは、大空間や耐久性などのメリットを訴求しています。

chapter 2
3

海外からの輸入が多いって本当？家の木材にまつわる現状と課題

輸入が圧倒的に多い住宅用木材

国土の3分の2が森林に覆われている日本は、世界の中で見ても木がたくさんある国です。ところが、国内の木材の自給率（需要量のうち、日本で生産された木材の占める割合）はこのところ20～30％といいます。2002（平成14）年には、過去最低の18・2％となりました（林野庁「平成23年度 森林・林業白書」）。ということはつまり、外国から輸入される木材が大多数を占めているのが現状。日本は世界有数の木材輸入国でもあるのです。

柱などは主にアメリカ、カナダ、ロシア、マレーシア、ニュージーランドなどから、合板はマレーシアやインドネシアなどからやってきて、日本の家に使われています。輸入材のうちホワイトウッドやレッドウッドと呼ばれる木材は、板状や棒状にした木片を、繊維の方向を揃えて貼り合わせ成形する「**集成材**」とされることが多いようです。**集成材は無**

垢材に比べて総体的に強く、品質が均一化されているのが特徴です。

木材輸出入のいわば逆転現象は、おおざっぱにいえばコストとの兼ね合いで起こったものです。一定の品質の材料を、価格を抑えて大量に安定供給できるのが輸入材の強み。1964（昭和39）年の木材輸入の全面自由化以降、輸入材の量はどんどん増加してきました。その一方で国産材の出荷量は減り続け、1995（平成6）年以降は木材自給率が20%前後で推移。同時にグローバル化に伴う価格競争を経て、国産材の木材価格は低迷します。国内の林業が衰退し、不必要な木を間引く間伐など適切なメンテナンスが行われず、山が荒れ放題になってしまうという負のスパイラルが生じてきました。

こうした事態を受けて農林水産省は「森林・林業再生プラン」を2009（平成21）年に策定、「10年後の木材自給率50%以上」を目標に掲げました。住宅業者や一般消費者の間でも「近くの山の木で家をつくる」という意識は次第に高まっており、国産材のいっそうの活用が期待されています。日本では針葉樹と広葉樹ともに天然林や人工林から採れ、多くの種類があります。針葉樹ではスギ、ヒノキ、サワラ、ヒバ、ツガ、アカマツなどがあり、柱や梁などの構造材、造作材などに使われています。広葉樹ではナラ、ケヤキ、カエデ、カバ、クリ、シオジなどがあり、造作材や家具、床材、床柱などに使われています。

接合部の加工はプレカットが主流

柱や梁などは必要な長さや幅を得るために、木材同士で接合して組み上げていきます。まっすぐに継ぎ足す部分を「**継手**《つぎて》」、直交・斜交する部分を「**仕口**《しぐち》」といい、つないだ部分で強度を落とさないようにさまざまな形状が考えられてきました。継手や仕口には、長い年月をかけて大工の知恵が結集されているといってよいでしょう。

継手や仕口は、もともとはノミと金槌でつくられてきました。「刻み」と呼ばれるこの工程は、現在ではほとんどが「プレカット」と呼ばれる、工場の機械であらかじめ加工する工程に取って代わられています。プレカットでは一定の精度が得られ、現場での加工が不要になることから工事の期間が短くなるメリットがあります。コストや近隣の関係から工期を圧縮することが求められる現代、いまや木造住宅の約9割の骨組みはプレカットによるといわれています。

植わっている木から切り出した木材は水分を多く含みます。そのまま使うと曲がったり割れたり隙間が出たりし、また強度が弱いため、あらかじめ乾燥処理して使われます。屋外で木材を隙間をあけながら積み重ねて、ゆっくりと自然乾燥させるのが「天然乾燥」。「天乾材」や「AD（Air Dry）材」と呼ばれます。一方、巨大レンジのような乾燥庫に

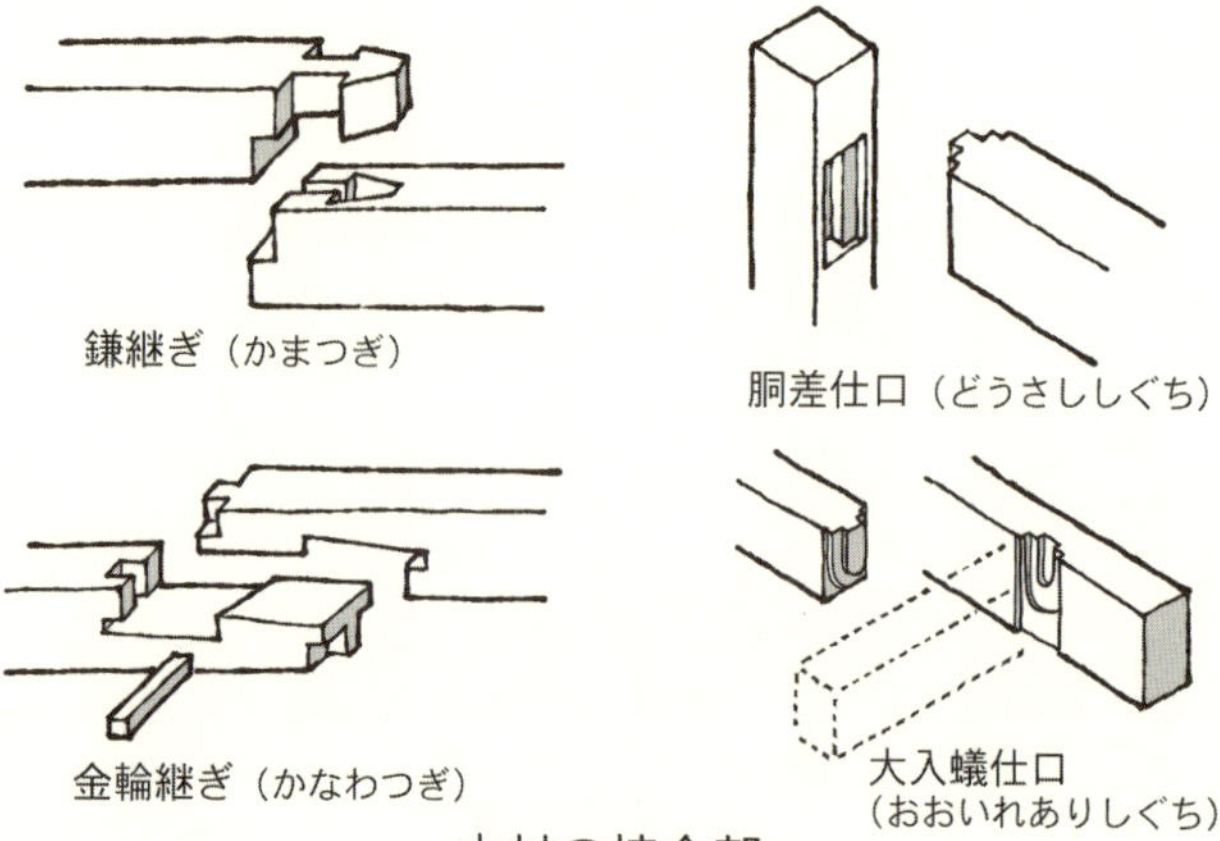

木材の接合部

木材を入れて人工的に乾燥させるのが「人工乾燥」。「人乾材」や「KD（Kiln《キルン》 Dry）材」と呼ばれます。両者ともにメリット・デメリットはありますが、工事のスピードが求められる現在では、乾燥期間が10日前後と短い人工乾燥が主流になっています。

木材に含まれる水分量の「含水率」が10～13％のときに木は最も強度が高く、20％以上になると強度が落ちてくるとされています。日本では、木材の乾燥程度は日本農林規格（JAS）によって規定されていて、含水率25％以下の木材が乾燥材として認められています。含水率は木の表面に含水率計を当てて測り、含水率25％以下をD25、20％以下をD20、15％以下をD15と、材料に記されます。

chapter 2
4

何事も基礎から。その前に地盤から。土地の状況が家の持ちを左右する

90年代半ば、各地で見られる「欠陥住宅」がニュースを賑わせ社会問題となりました。床が傾いている、基礎や壁に亀裂が入った、ドアの開閉がしにくい、等々。これらの不具合は、家が建つ敷地の地盤が軟弱だったりし、それに対策をしていなかったことから引き起こされた典型例です。こうした欠陥、瑕疵が家に起こり根本的な解決をするとなると、相当に高く付きます。それで、家の外側を見るのは土の中から始めてみましょう。

土の状況を知るには、まず敷地と周辺の地形に注目します。そばに河川や水田などがあれば、地盤が軟弱である可能性が高いといえます。かつて水田であった土地や、湿地などを埋め立てた土地では、基礎から沈み込むおそれがあります。また、敷地の中で硬い地盤と柔らかい地盤が混ざっている場合や、複数の土質が混合している場合には、家が傾いてしまう可能性があります。宅地開発に伴う造成地では、土を削りとった部分と土を新たに盛った部分が混じっている場合があり、地質や締め方、擁壁のつくり方によっては問題を引き起こすことがあります。これらは宅地造成の経緯や方法を記した図面などで確認でき

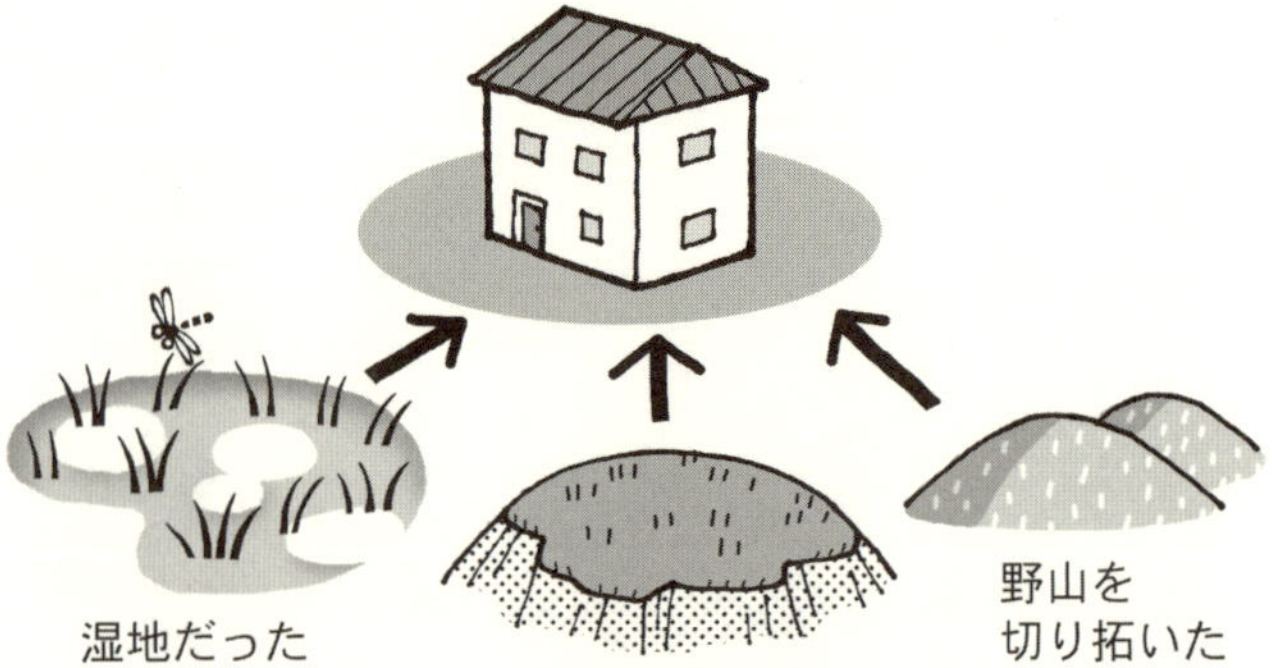

家が建つ土地の来歴を知る

ます。また、敷地周辺の塀や周りの家の基礎にヒビや亀裂が入っていないかを見ます。

家を建てるにあたって敷地の地盤の状況を知るために、木造の戸建てでは「スウェーデン式サウンディング試験」が一般的に行われています。これはロッドを埋め込み、負荷をかけながら規定の深さまでロッドをねじ込んで貫入具合を測定するものです。通常は計画建物の四隅と中央の五つのポイントで調査します。ほかにも、地面に穴を開けて土を採取し、地層の構成や強度を調べるボーリング調査、小さな地震波を起こして反射時間を調べ地盤の硬さを図る表面波探査法などがあり、建物の規模や構造によって使い分けます。状況に応じて、必要な地盤補強を行います。

chapter 2
5

ベタ基礎であれば安全安心、でもない。適切な設計と工事をすることが大切

地面と家とが接する部分が、**基礎**。家を支え、家にかかる力を地盤に伝える重要な部位です。縄文時代の竪穴式住居では基礎はなく、地面に穴を開けて柱を立てていましたが、しばらくすると柱が沈み込み、柱の端から腐ってきてしまいます。そこで地面に小石を敷いて締め固めたうえ、平べったい石の上を地面に置いて柱を立てるようになりました。現代の家では、基礎は石から鉄筋コンクリートに代わっています。一般的には、逆Tの字型の基礎を帯状に連続させる「**布《ぬの》基礎**」と、弁当箱のフタを裏返したようにつくる「**ベタ基礎**」が多く採用されます。最近の15~20年ほどで、木造での主流はベタ基礎になってきました。ベタ基礎は、家の重さを大きなコンクリートの底面で受けて地面に分散させます。

ただし「ベタ基礎なので安全」かというと、一概にそうはいえません。建物の重さと地盤の状況のバランスによって布基礎のほうが適している場合もありますし、適切な基礎の設計と工事監理がされていなければ、ただのハリボテとなってしまいます。底版の面積や形状に応じた本数・間隔の鉄筋がきちんと組まれ、適切な質のコンクリートがきちんと流

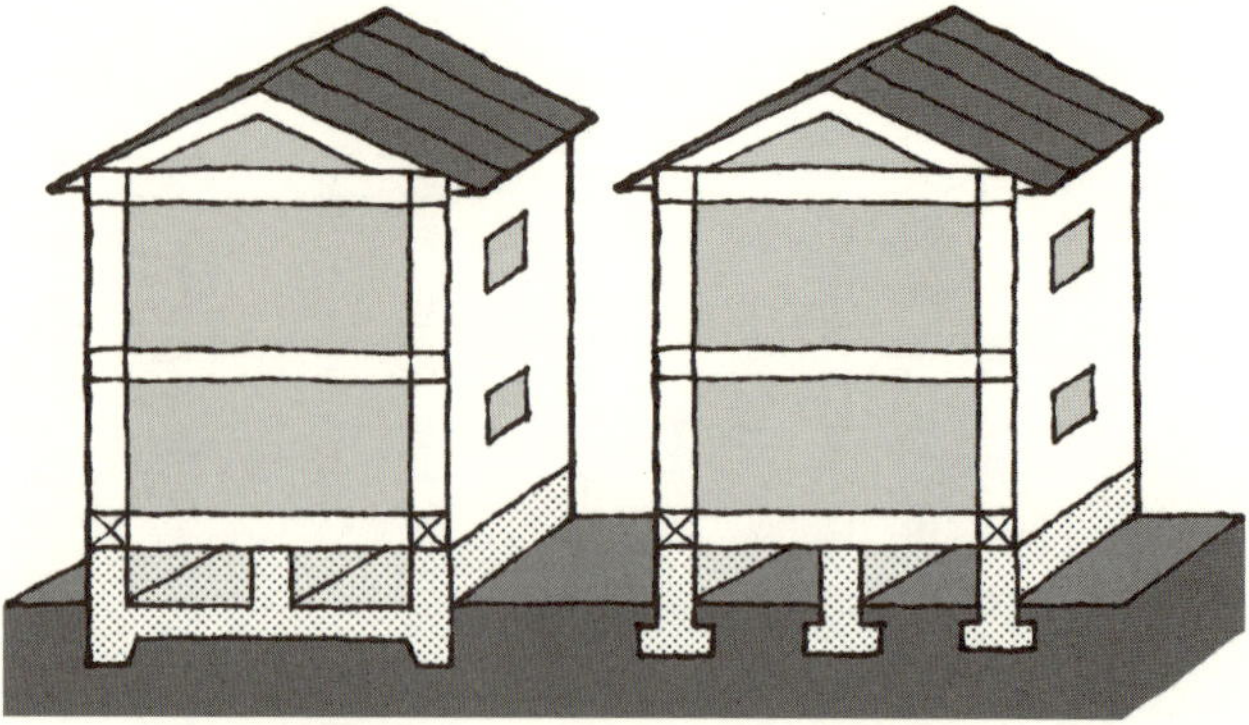

基礎の種類

し込まれて乾かされていなければ力は発揮されません。

そして基礎の部分では、地面から伝わってくる湿気を抑える必要があります。基礎の上に載る土台や柱などを腐らせてしまうからです。ベタ基礎は建物の範囲で基礎底部がすべてコンクリートで覆われています し、布基礎では地盤に砂利などを敷いて突き固め、その上にポリエチレンフィルムを敷き、さらに防湿コンクリートを打って覆います。さらに、床下の空間が湿気がこもらないように、換気をすることが必要です。基礎の立上がりの部分にあらかじめ換気口があけてあるか、基礎と土台の間に「ネコ」と呼ばれる樹脂製などのスペーサーを挟んで空気が通るようにしてあります。

chapter 2
6

屋根の歴史は気候との戦いの歴史。都市部では斜線制限という強力な敵も

さまざまな形状と材料は諸条件の表れ

雨風をまともに受ける**屋根**の形状は、家の建つ場所に応じてさまざまなものが見られます。風の強い沿岸部では屋根が飛ばされないように、軒の出を少なく・低くした屋根。豪雪地帯では雪が積もりすぎないように、急な勾配で単純な切妻の屋根。現代の家では、切妻や寄棟といった比較的シンプルな形状の屋根が多く見られます。また、都市部での屋根の形は、敷地にかかる斜線の制限で決まってくるようなところもあります。敷地に建てられる目いっぱいのボリュームをつくろうとすると、2階や3階の頭の部分が削り取られるようにかたちづくられ、その範囲内で合理的な屋根がかけられるからです。一般的に屋根は複雑な形状になるほど工事費は高くつき、雨漏りのリスクも高まります。

屋根に使われる材料は、タフなことが求められます。強い日差しを受け、寒暖の差が激しい気候条件でも、長持ちする材料であること。また万が一近隣で火災が起きても、飛び

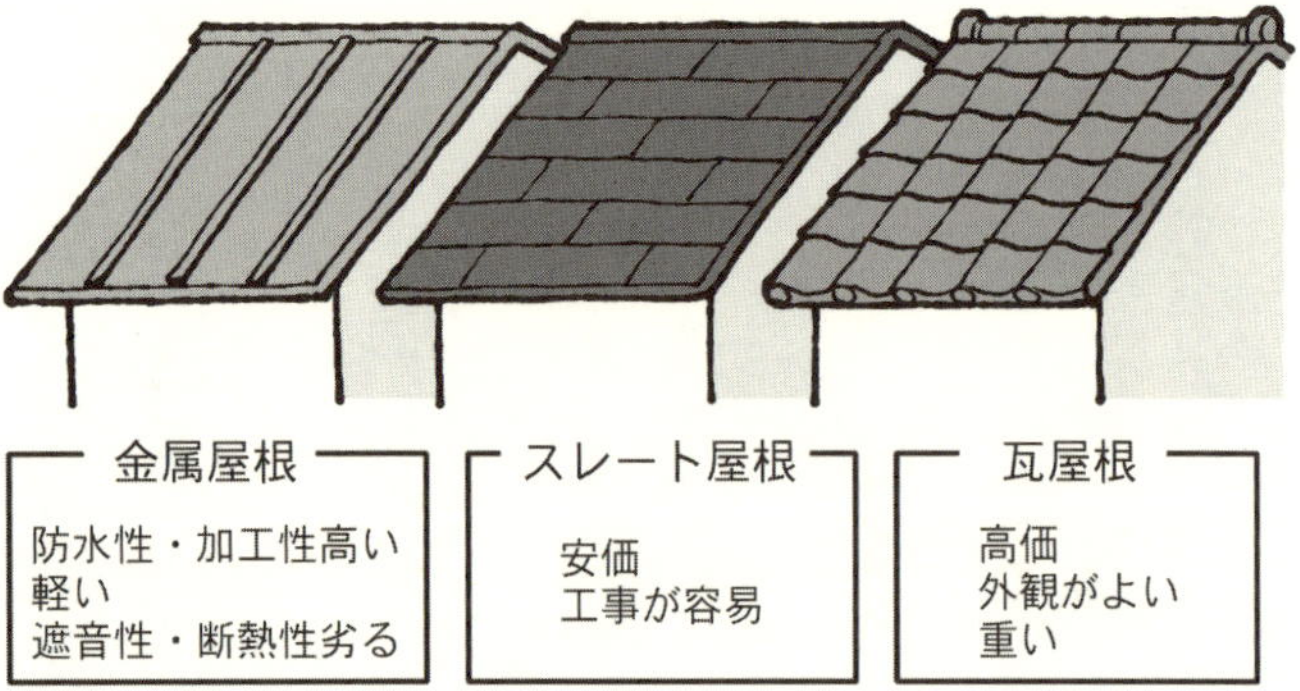

屋根材の種類

火が移らないように守ること。現在、**屋根に用いられる材料は瓦、スレート、金属板などが主流**で、一般的には高価なものほど耐久性が高い傾向にあります。

瓦は日本全国、土地ごとの土を使ってつくられています。現在最も多いのは、陶器製の瓦。粘土で成形した瓦を乾燥させて高温で焼いてつくります。表面に釉薬をかけて焼くとさまざまな色調が出せ、吸水性が小さいため冬季に凍って膨張して割れるようなことが避けられます。瓦を留め付ける方法は、明治初期に考案された「引掛け桟《さん》瓦《がわら》」が現在の家では主流。合板や野地板などの上に透湿防水シートを張り、桟木《さんぎ》という細い木材を横方向に留め、そこに引っ掛けるように瓦を置いて固定するものです。

スレートは、もとは天然石を割いて薄くした材料を指しましたが、現在ではセメントを主な原料にして粘板岩の粒子を混ぜて天然石を模した製品が主流です。コストが安く色彩が豊富で、工事現場での切断や留め付けが容易なので、多く用いられています。

金属板は、カラー鉄板やガルバリウム鋼板、ステンレス鋼板などがあり、目安となる耐久性によって価格は変わります。フッ素樹脂塗装鋼板は長期間塗り替えが不要など、表面の塗装によっても耐久性が変わります。金属板は防水性が高く、軽量で加工しやすい一方で遮音性や断熱性は不足するため、下地の断熱材などと組み合わせてカバーします。金属板の葺き方にはさまざまあり、見た目や勾配によって適切な方法を選択します。

勾配によって屋根材が変わることもある

さて高さ制限や斜線制限などの制約の中で、室内空間をできる限り大きく確保したいときなど、勾配によって採用できる屋根材が変わってくることがあります。**屋根材と屋根勾配との間には、密接な関係がある**からです。製品によって最低限の勾配が決められていて、「それより緩い勾配にすると雨漏りのおそれがあるのでやめてください」とされているわけです。一般的に、最も緩くすることができるのが金属屋根の瓦棒葺きで、1寸勾配（1／10）以上。スレート屋根や金属屋根の平葺きでは3寸勾配（3／10）以上。瓦屋根では

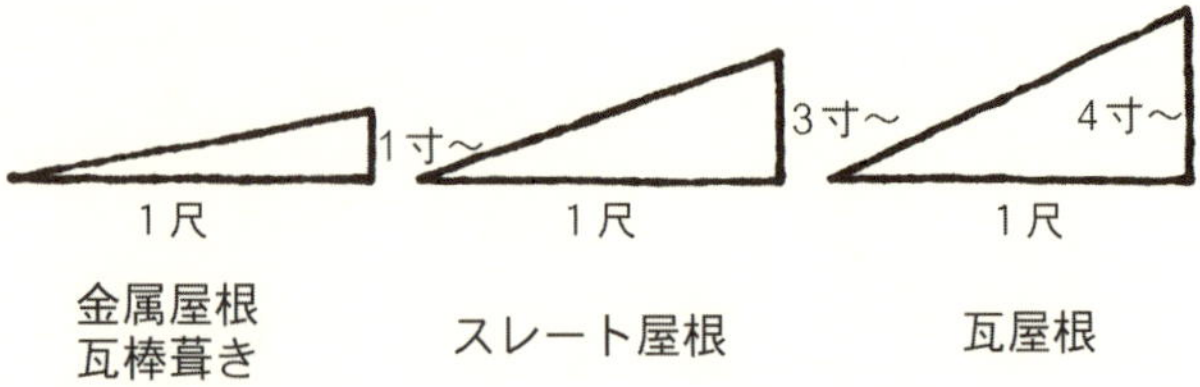

屋根の勾配

4寸勾配（4／10）以上。

ちなみに、4～5寸勾配までは、屋根工事のために特別の足場を掛けない業者が多いようです。6寸勾配以上になると足場を組むことが必要となり、急斜面で作業できる職方も少なくなることから、そのぶん工事費は高くなります。また、屋根を限りなくフラットにしたい場合には、屋根面にFRP防水やシート防水をしてつくります。

そして、**屋根の重量は耐震性に大きく関わります**。屋根は建物の最上部にあり、重くなると地震が起こった時に大きな力となって家全体が揺さぶられるからです。**軽量なほうが耐震性能を確保するという面では有利ですが、雨音などからの遮音性や風に対する安定性の面では不利になります。**

意外に外観に効いてくる雨樋

屋根まわりで重要ですが忘れられがちなのは、**雨樋**です。軒先に水平に取り付けた**軒樋**《のきどい》で屋根の雨水を集め、魚に似ている「あんこう」と呼ばれる**集水器**に流し、集まった雨水を**縦樋**《たてどい》で地面に流します。軒樋の形状は、半丸か角型、また箱型もあります。軒樋や縦樋は、専用金具で壁に取り付けていきます。

樋やあんこうの大きさは、屋根の面積に応じて変えないと、ゲリラ豪雨など大雨の時にあふれてしまいます。また、台風で強風にあおられたり大雪が降った後に雪が軒先に溜まり、雨樋が破損する場合もあります。そして、雨樋や集水器に落ち葉や土ボコリが溜まっていくと詰まることもあるので、定期的なメンテナンスは必要です。敷地に余裕がある別荘などでは、メンテナンス手間を考えて雨樋を付けない場合もあります。

雨樋の材料は、軽く工事がしやすく安価な塩ビ製が主流です。しかし、太陽光や雨で変色や劣化を起こしやすいというデメリットがあるため、樹脂表面に紫外線対策をした合成樹脂製の製品も出てきています。また、鋼板による雨樋もあります。昔からあるのは銅板でつくる雨樋ですが高価なのがネック。耐久性があり加工しやすいガルバリウム鋼板で、屋根材や外壁材と合わせた製品も充実してきています。

chapter 2
7

かつての湿式から乾式が主流になった外壁。美観と機能のバランスは永遠の課題

家の美観と機能が拮抗する外壁

外壁も屋根と同じく、厳しい気候に常にさらされるために耐候性や耐久性は欠かせず、人の暮らしを守るシェルターとして機能します。そして家の外観を特徴付ける、重要な要素。日本では伝統的に壁には土を塗ったり木を張ったりしてきましたが、現在ではサイディング張り、モルタル吹き付けなどさまざまな材料や工法が用いられています。

近年の家の外壁材として主流なのは、サイディングです。サイディングは広くは外壁仕上げとして張るボード状の材料を指していて、なかでも**窯業系**《ようぎょう》が最も多く採用されています。窯業系は、セメントなどに繊維質の木片などの原料を混ぜて強化して成形し、板状にしたもの。**強固で防火性や遮音性などに優れています**。光触媒塗装や親水性コーティングなど表面の塗装で、汚れをつきにくくしている製品もあります。また、パネル表面にレンガタイルや石などを模したパターンを付けている製品が多いのですが、なにぶんパネルな

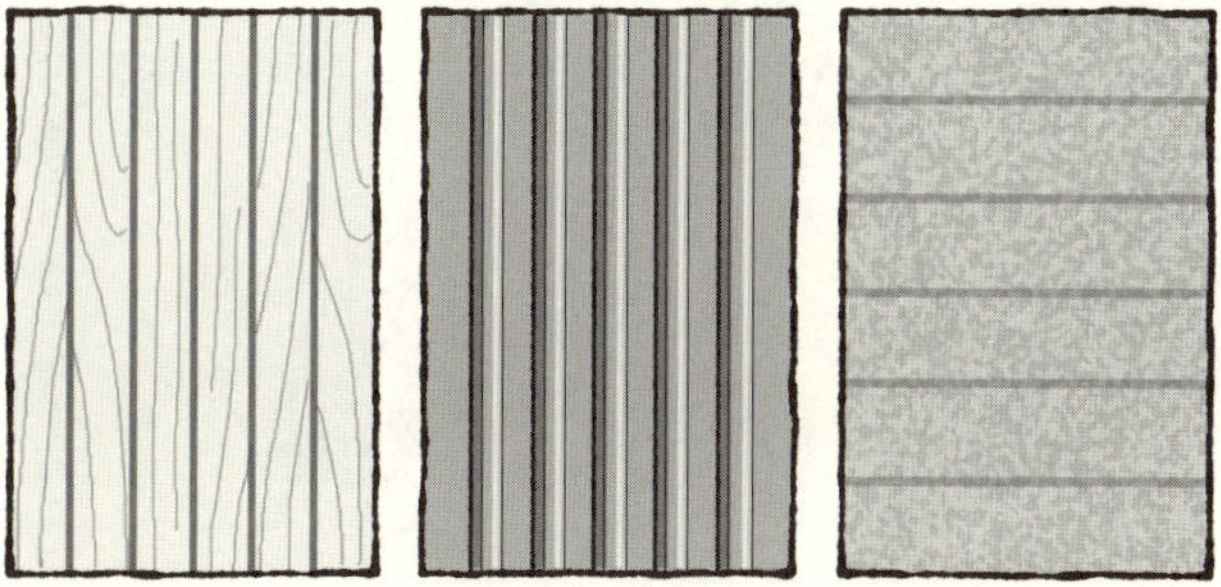

木質系サイディング　金属系サイディング　窯業系サイディング

外観の種類

のでパネル同士の継ぎ目が不自然なのが不利な点。また、継ぎ目から水が入ることを防ぐために詰めるシーリングという材料は、定期的に詰め直す必要があります。最近では、このシーリングを目立ちにくいようにする製品も出てきました。

金属系サイディングは、金属板にウレタンなどの断熱材などを裏から張り付けた材料です。シャープなラインが出しやすく、モダンな印象の家によく使われてきました。**耐候性が高く、窯業系サイディングに比べると約4分の1と軽量で建物への負担が少ない**のが特徴。既存の外壁の上に重ね張りできるリフォーム向け製品も出ています。レンガ調や石積み調などのパターンを表面に付けた製品も増えているようです。

木質系サイディングは、昔ながらの板張りを含めた外壁材。**天然の木の板に塗装を施したものの風合いは、代えがたい魅力**です。時間が経つと色が変化するので、それを「味わい」と捉えられるかが判断基準の一つ。定期的な塗り替えなどのメンテナンスも必要です。耐候性を高める加工を施した製品もありますが、木ならではの質感が失われがちです。

塩化ビニル樹脂を素材とした**樹脂系**サイディングもあります。北米生まれの材料で、**軽量で熱を伝えにくく、延焼せず、塩害や寒さに強く、塗り替えが不要**とメリットは多いのですが、質感のためか日本ではあまり普及していません。

モルタル下地の上に、薄塗りのアクリルリシンや樹脂系の塗料を吹き付ける仕上げは一時期流行しましたが、サイディングなどの工業製品に押される格好となりました。ただし、模様や凹凸の表情が出せるため、左官材料と同じく味わいや深みを求める人には根強い人気があります。なお、水を使わずに工業製品を組み立てる方法を「**乾式**」といい、吹き付けや左官のように現場で材料に水を入れてつくることを「**湿式**《しっしき》」といいます。

外壁の中は断熱と気密の論争の主戦場

外壁の中身はどうなっているのでしょうか。在来木造でいえば、まず家自体の重さに耐え、地震の力に耐えるために、骨組みとなる柱や筋かい、構造用合板があります。そこか

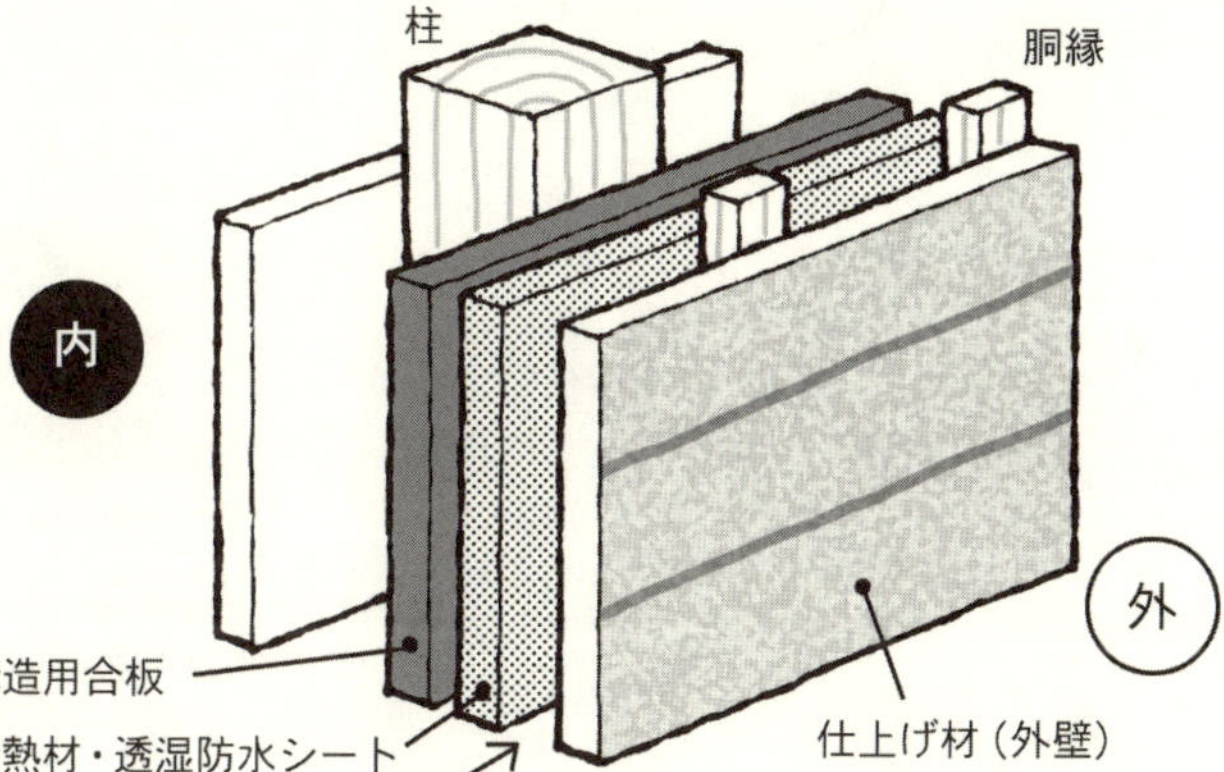

外壁（外張り断熱）の構造

ら外側に向かって、雨水の浸入を防ぐために透湿防水シートや防水シートを張り、胴縁という細い木材を打ち付け、仕上げ材を施します。透湿防水シートは内側から外側に向けて湿気を逃す材料で、壁の中に結露が起こらないようにします。外壁の中に湿気を入れず、入ったとしてもすぐに外に逃していかに結露を起こさないようにするかが、長持ちする家づくりのポイント。熱を伝えにくくする「断熱」と、隙間を少なくする「気密」は、この20年ほどで格段に技術が向上しています。外断熱か内断熱か。充填か吹き付けか張るのか。断熱材は何を選ぶのか…。断熱と気密のテーマだけで本が何冊も出ていますから、関心のある方は納得いくまで極めてください。

chapter 2
8

外観の特徴となるバルコニー。耐久性を確保する防水がポイント

バルコニー、ベランダ、そしてテラス。似たように使われていますが、いちおう違いがあります。バルコニーはイタリア語のバルコンに由来し、外面に張り出した手すりが付いたスペース。ロミオとジュリエットの舞台ですね。ベランダの語源はインドの現地語にあるようで、暑い日差しを遮る庇や屋根の軒が付いたスペースを指します。1階ではテラスといわれることもありますが、庇や軒があればベランダということになります。

とはいえ、庇や軒の具合はまちまちなので、ここではバルコニーとして話を進めます。

特に2階以上に付くバルコニーは、家の外観のポイントになりますから、外壁とのバランスや手すりの付き方や材質などに注意を払う必要があります。そして日本の家では、窓台の延長というよりも部屋の延長のように掃出し窓から出られて、物干し場を兼ねるようなつくりのバルコニーが主流です。日光にさんさんと当てたいがために洗濯物が鈴なりに下がり、布団が手摺り壁から垂れるのは景観上、また防犯上よろしくないと、都市部では低い位置に物干し台を設けることも多くなっています。

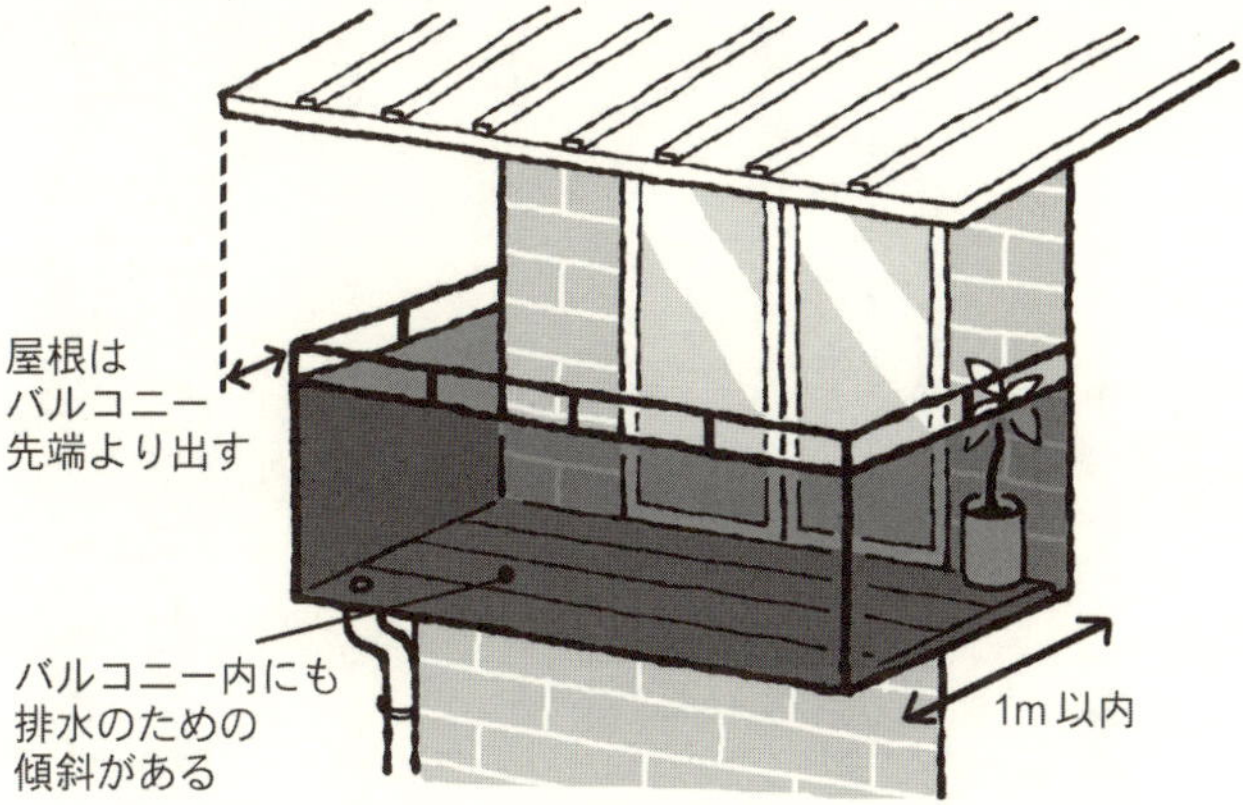
屋根は
バルコニー
先端より出す
バルコニー内にも
排水のための
傾斜がある
1m 以内

バルコニー

さて、バルコニーの出は90㎝程度がほとんど。庇やバルコニーの出が1mであれば、建築面積に含まれないという控除規定があるためです。この場合、2階の床組から梁を跳ね出してバルコニーを支える方式とすることが多いですが、1階の屋根の上に載せる方式や、地面から柱を立てて支える方式もあります。跳ね出しの場合は特に、防水に細心の注意を払うことが必要。FRP防水やシート防水を施し、サッシ下の立上がり寸法を十分にとっておきます。また、排水が落ち葉や土などで詰まると大雨時にバルコニーがプール状態になり、室内に水が乗り越えてくる可能性もあります。オーバーフロー管を排水ドレンに加えて設けるなど、万全を期しておきます。

chapter 2
9

門は家のステイタスシンボル。防犯と品格を両立させる構えとは

立派な構えをした**門**をくぐり、露地を通って玄関へ……という家は現代ではなかなかありませんが、それでも敷地と道路の間には塀や垣を巡らせ、門扉《もんぴ》を付けるのは普通に見られます。こうした家の周囲の設えは、武家屋敷に始まったことといわれます。防衛から求められた経緯もありますが、門は「一門」のように家族や、「名門」のように格式や家柄を表すこともあります。家の出入り口であると同時に、家を象徴する存在なのです。

現代では門構えから家の様子をうかがう余裕もなく、門と同時に家の外観が見えることが一般的ですから、門と外壁やポーチまわりの意匠が統一感をもつことは重要です。門柱や門扉、ポスト、表札、玄関ドア、外灯、塀などのサイズ感、素材、色味などがちぐはぐにならないように気を使います。これらをあらかじめコーディネートした製品を用意するメーカーもあります。なお、以前は敷地境界をブロック塀で囲ってしまう家も多くありましたが、あまりに殺風景のため減ってきました。家の基礎に比べると構造の配慮も不十分なことが多いため、大地震時には倒壊し人を下敷きにするおそれも。良好な住宅地景観を

家から出るときに
ワンクッション
おくことで
安全性も高まる
塀・門・玄関まわりを
コーディネイトする
意識が高まってきた

門の役割

つくるという観点で、植栽による生け垣の設置費用の補助を行う自治体があります。

道路との境界では、視覚的に閉じすぎず開きすぎず、プライバシーとセキュリティを確保する工夫も必要です。いったん敷地内に入れば道路側から見えない死角が多いようだと、かえって侵入者は自由に行動できてしまうからです。門扉にカードキーなどを付けて防犯性を高める製品もあります。

なお、電気・ガス・水道のメーターは敷地内に設置する必要があり壁面に並べるのが一般的ですが、留守中でも各会社の検針員が検針できる位置であることが望ましいといえます。防犯と両立させるため、門扉まわりにまとめて道路から見えるように設置する例もあります。

chapter 2
10

潤いのある生活は、駐車スペースから!? 庭のように考える駐車スペース計画

車庫は容積率などの緩和がある

現代の戸建てでは、**駐車スペース**を設けることが一般的です。敷地の広さにもよりますが、家族がそれぞれのクルマを使う可能性がある場合や、クルマでの来客が多い場合には、あらかじめ複数台のスペースを確保しておきます。

ガレージやカーポートをつくるときは、建築面積や延床面積に算定されて建蔽率《けんぺいりつ》や容積率に関係することがあるので要注意。屋根だけの製品などでは端から1m以内は建築面積に通常は算入されませんが、役所で確認しておくことが必要です。建物の中に駐車スペースを組み込むビルトインガレージは、クルマ好きにとっては憧れの存在。換気や室内に伝わる音に配慮すれば、クルマいじりを楽しめて荷物の出し入れがしやすく、またセキュリティ面でも有利です。1階を駐車スペースとする場合は、一定の範囲内で床面積に算入しなくていいという緩和がありますが、それでも敷地に余裕がない都市部などではなかなか

カーポートも外構の一部として一体で考える

難しいかもしれません。駐車スペースを確保して毎月の駐車場代を浮かせると考えるか、部屋を確保して1部屋の賃貸代を浮かせると考えるか、それはその人次第です。

駐車スペースに美観と機能を

駐車スペースは1台分で約15㎡。限られた敷地の中では庭とのスペースの取り合いとなりますが、**駐車スペースも庭の一部として設えると見た目がよくなります**。乗用車の重量は1〜2トン前後。床はタイヤが載っても割れたりしないコンクリートや石などを敷きます。一般的には白っぽい土間コンクリートとすることが多いですが、コンクリートに好きな色を付けるカラーコンクリートもよいでしょう。また、隣り合う隙間から雨水が浸透するインターロッキング、タイヤをコンクリートブロックで受けながらグリーンを生やすことのできる緑化ブロックも活用できます。緑化ブロックは、各自治体の「緑化制度」に対応します。

透水性・通気性のある透水コンクリート（ポーラスコンクリート）を駐車スペースに用いることもあります。これは雨水をコンクリート中の空隙から地中へ浸透させるため、水たまりができず滑りにくい仕上げとなります。また、夏期でも照り返しが少なくヒートアイランド現象の緩和に効果があります。家の新築時、各自治体には「雨水排水計画」というものを出しますが、その際に雨水が敷地外に流出するのを抑制する雨水浸透施設として、透水コンクリートを使用することもあります。

駐車スペースのそばや玄関脇、中庭などに、シンボルツリーを植えることも人気です。季節や時の経過を感じさせるもので、家と街をつなぐ役割をするかのようです。日の当たり具合や寒さ・暑さへの強さ、木の高さ、落葉か常緑かなどを検討して樹種を選定します。ただし、忙しい日々を送る現代人の中には、「手入れが大変なので庭には植栽がないほうがいい」という人も少なからずいます。当面は植栽を楽しむ時間がないということであれば、石やレンガを敷き詰めておき、余裕ができれば土を入れてガーデニングなどを楽しむという手もあります。

chapter 3

インフラと住宅

―知っておくべき大切な関係―

chapter 3
1

現代の家では必要不可欠な電気。目的に合わせて配線を考える

家に必要な電気・ガス・水道、最近ではケーブルテレビ、LANのライフライン、インフラは、人の体に例えると血管や神経のようなもの。現代の家ではなくてはならないものとして、家の中に張り巡らされています。

電気は発電所、変電所を経由して送電線を通り、一般的には電柱の柱上変圧器を介して家に届けられます。このとき、電柱から家の壁を通して直接引き込む場合と、引込み用のポールを立てていちどポールに電気を引いてから地中に埋設して家に取り込む場合があります。コストはかかりますが、家の外観はかなりスッキリとします。

敷地内の屋外に設置する**積算電力計**、屋内に入って**分電盤**を経て、各器具まで配線されます。分電盤の中にあるのは、アンペアブレーカーやリミッターと呼ばれる電流制限器、漏電ブレーカー、安全ブレーカー。**ブレーカーは電気の使いすぎやショートなどによって回路に過剰な電流が通らないように、自動的に電気を遮断する役割をもっています。**

家庭用の電源配線は「単相2線式100ボルト」が一般的ですが、「単相3線式」では

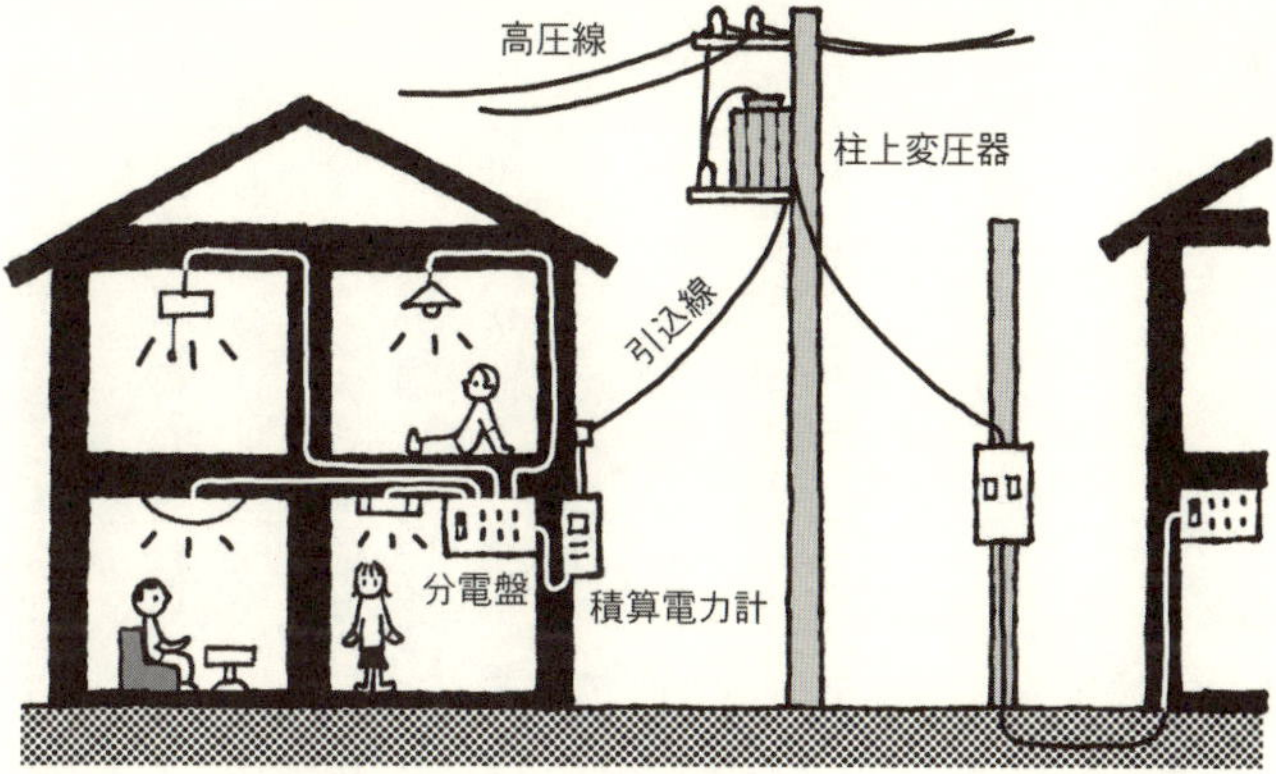

配電と住宅内での配線

3本の電線から100ボルトと200ボルトの両方をとることができ、大型エアコンやＩＨ調理器などハイパワーな機器を使用する家で用いられることがあります。

コンセントは、2畳に1個所（2口以上）**が目安**とされていますが、電気を使う機器が増えていることから、きめ細かく設置することが求められます。低めに設けると目の高さに見えてこないのでスッキリとしますが、使いやすさで高さを決めます。

なお、コンセントは和製英語。英語のアウトレット（outlet）やソケット（socket）が日本でコンセントといわれるようになったのは、同心プラグの「コンセントリックプラグ」のうち、差込口のほうをコンセントと呼んだのが始まりといわれます。

必要な電気量をまかなう契約と使い方

多様な家電製品の普及に伴い、一世帯あたりの電力消費量は増加してきました。現在では1カ月あたり300kWh前後の電力消費で、1970年に比べると、2・5倍程度です。一般家庭での電気の契約では、「従量電灯B」という電気料金メニューが最も多いもの。これは、時間帯や曜日に関係なく使用料に応じた料金設定で、電気の使用状況に応じて10〜60アンペアの契約アンペアを選ぶことができます。同時にどれだけの電気機器を使うかが、契約アンペアを選ぶ基準となります。**アンペア数は1Aが100Wとみます**（100Vの場合）。大量に電気を使用する電子レンジ（15A）、ドライヤー（12A）、ホットプレート（13A）などの同時使用はできるだけ避けるとよいでしょう。また、一つの回路に消費電力の大きい電気器具を複数接続すると、その回路の安全ブレーカーが落ちるので、日常的に同時使用が分かっている場合は配線を分けておきます。

4人家族では、40Aか50Aの契約が多いようです。月々の電気料金の基本料金は契約アンペアに応じて決まっていて、40Aと50Aとでは300円程度の差があります。また、月の使用量が120kWhまでは安めの料金で、それを超えた300kWhまでは平均的な料金、300kWhを超えた使用量については高めの料金になっています。

chapter 3
2

自給自足も夢ではない!? スマートハウスで賢く省エネ

省エネルギーや節電への意識が東日本大震災をきっかけとして急速に高まり、大手ハウスメーカーを中心に「**スマートハウス**」の開発と普及が加速しています。これは、以前よりCO_2などの温室効果ガスを極力排出しない「低炭素社会」の実現に向けた取り組みとして進められていたもの。**家自体を高断熱高気密などで省エネ設計したうえで、家の中で使われるエネルギーを賢く管理しながら利用する**という姿です。

スマートハウスの中核をなすのは「**HEMS**《ヘムス》」（ホーム・エネルギー・マネジメント・システム）です。家電や電気設備とつないで電気やガスなどの使用量をモニターやパソコンやタブレット端末などで「見える化」したり、家電機器を自動制御したりします。政府は2030年までに、すべての住まいにHEMSを設置することを目指しています。これまでは電力会社の検針によって電力メーターが確認されて毎月の使用量と料金を知るのが一般的でしたが、HEMSでは発電量、売電・買電状況、電気使用量、電気料金などエネルギーの利用状況を部屋や機器ごとにリアルタイムに分かります。これには、無駄遣い防

エネルギーの「見える化」

止や、光熱費の削減効果があるといいます。「ハイブリッドカーに乗り換えたら、メーターパネルに燃費が表示されるので丁寧なアクセルワークを心がけるようになった」というのと同じ感覚です。窓の開閉や家電機器、照明機器の自動制御でも、エネルギー消費が抑えられます。

その他、スマートハウスの特徴的な設備として、太陽光発電システムや太陽熱利用設備など「創エネ」装置、家庭用バッテリーの「蓄エネ」装置もあります。蓄電池には太陽光発電で余った電力を充電しておき、夜に家で使うというわけです。停電時の予備電源としても役立ちます。電気自動車を接続し、蓄エネの装置として使う場合もあります。

chapter 3
3

技術発展が進む太陽光発電システムとシンプルな原理の太陽熱温水器

技術力アップとコストダウンが進む太陽光発電システム

スマートハウスの「創エネ」装置として注目されるのが、**太陽光発電システム**です。**初期投資はかかりますが、ずっと住む家で光熱費が抑えられる**というのは魅力。日中の日差しの強いときには電気が余り、電力会社に電気を割高な価格で買い取ってもらうこともできます。燃料費はいらず、維持管理の手間やコストはほとんどかかりません。屋外用の太陽光パネルの寿命は20～30年程度。20年経過後の出力の低下は1割程度とされています。

太陽光発電システムの仕組みは、太陽電池のパネルを屋根面などに設置し、太陽電池で太陽光のエネルギーを電力に直接変換するというもの。パネルで発電した電気は直流で電圧も高いため、パワーコンディショナーで交流の100Vに変換します。

発電量はパネルの枚数や性能によって異なりますが、戸建住宅1軒当たりのシステムで3～5kW、年間発電量にして3000～5000kWhが目安。一般家庭の年間消費電力量は

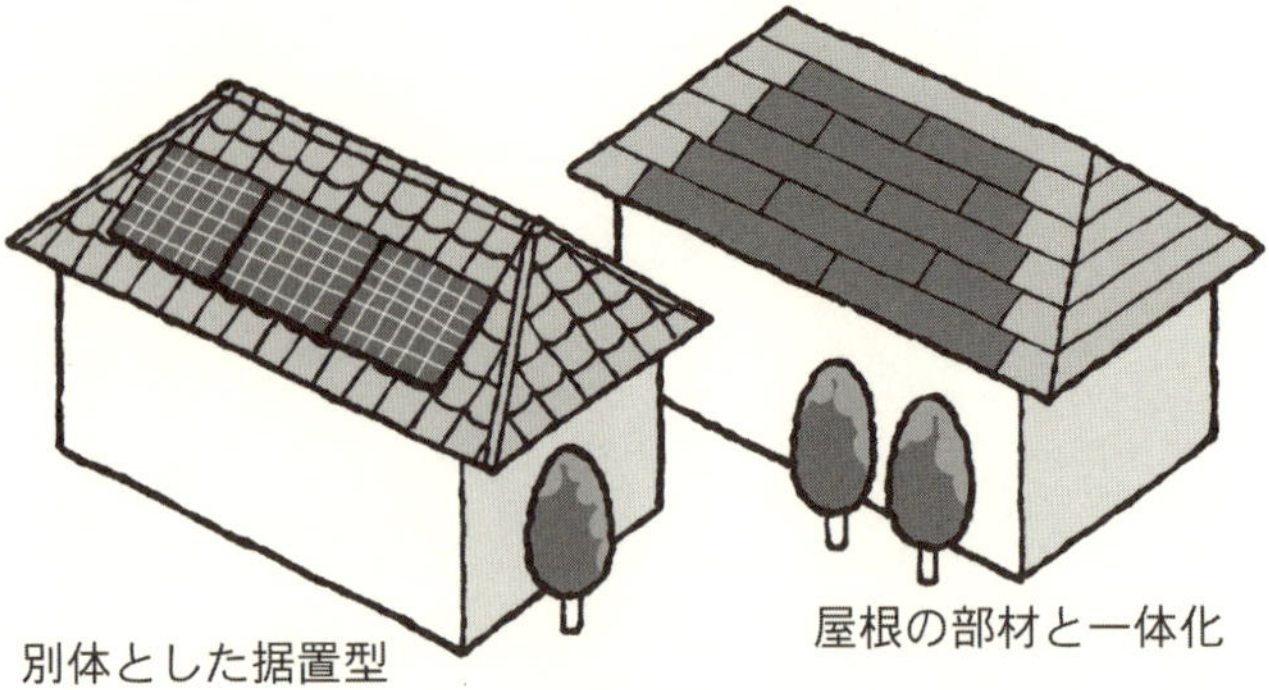

太陽電池の設置方法

5500kWh弱とされ、そのうち約6～9割をまかなうイメージです。地域による日射量の違いや、パネルの設置方位や傾斜角度、周辺状況の違いなどからも発電量は変わってきます。

屋根面にパネルをできるだけ広く設置するため、パネルはスリムサイズ、ハーフサイズなど幅を切り詰めたもの、三角形や台形など変形させたものがあります。また、屋根材と太陽電池モジュールを一体にして、瓦やスレートの形状にした製品も。これは見た目がスッキリとすることが一番のメリットですが、太陽電池モジュールに熱がこもりやすいこと、故障した場合に修理に手間がかかることがデメリットです。一般的なのは据置型で、屋根材の上に架台を設置し、その上に太陽電池モジュールを設置するという形式。モジュールと屋根との間に隙間があるので熱が逃げていき、メンテナンスがラクというメリットがあります。なお、太陽光発電は夏の暑い時期になると発電量が下がります。これは、特に単結晶シリコン半導体が熱によって発電効率が低下する性質をもつためです。

太陽光発電システムの導入には、地方自治体が補助金を用意していることも多くあります。また、余剰電力を電力会社に売ることのできる制度もあります。補助金の額や申請時期は随時変わるため、ウェブサイトで確認を。また、電気の買取価格や期間も年度ごとに見直されます。買電価格は徐々に下がってきていますが、システム機器の価格は下がり、エネルギー変換効率が上がってきているのでコストメリットを第一に考える方はじっくりと長期に渡るシミュレーションをし、比較検討してください。

熱は熱で利用する太陽熱温水器

太陽光発電システムの影に隠れがちですが、太陽エネルギー利用では「**太陽熱温水器**」もあります。これは、**太陽のエネルギーを熱に変えて、お風呂やシャワーなどの給湯用に使えるようにするもの**。一部の自治体などでは、太陽光発電だけでなく、太陽熱温水器の設置にも補助金を用意しています。太陽熱温水器の最大の特徴は、エネルギーの変換効率

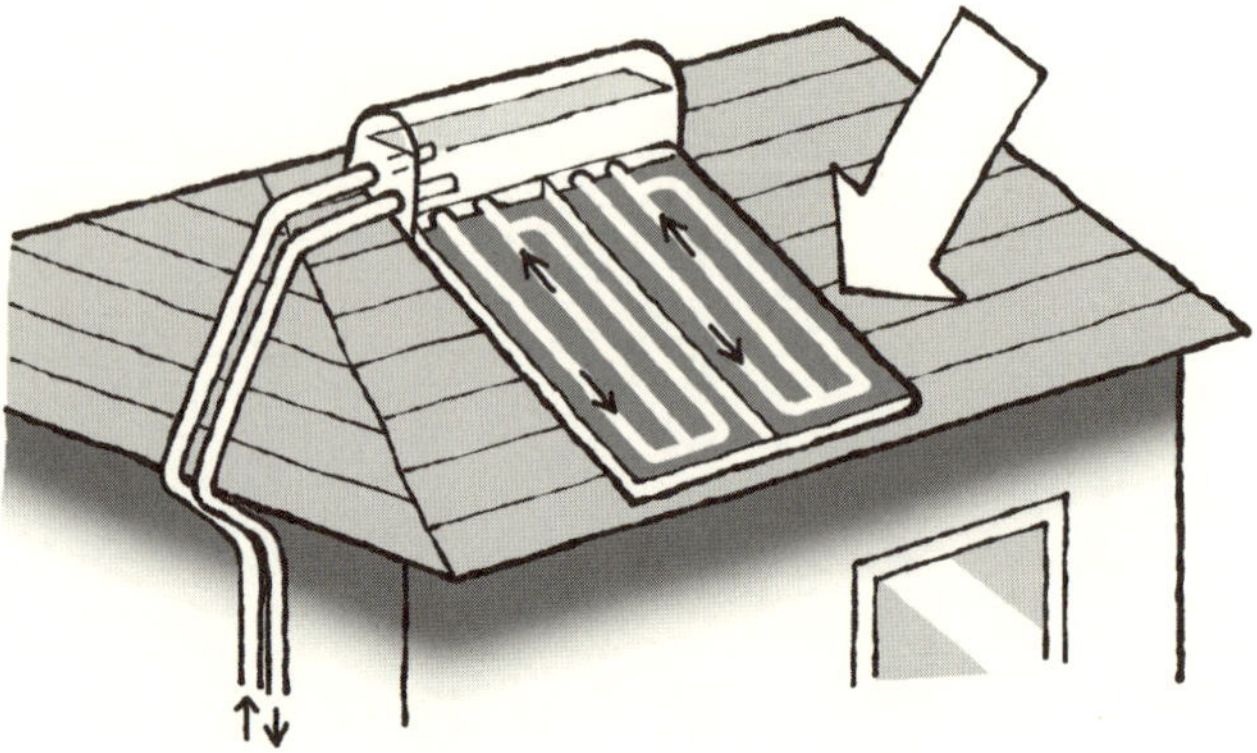

効率の高い太陽熱温水器

が高いことです。太陽光発電システムは光から発電する段階での効率が10～20％弱ですが、太陽熱温水器では太陽エネルギーの50～60％程度を熱エネルギーに変えて利用できます。太陽熱温水器から電気を得ることは当然できませんが、**家庭で消費するエネルギーの約1／3は給湯によるもの**。つまり、水からお湯をつくるために使われているのです。このエネルギーを太陽利用で得ることができれば、省エネルギーに貢献するだけでなく光熱費の削減にもつながります。太陽光発電システムの導入には200万円前後かかりますが、太陽熱温水器の導入にかかる費用は20～120万円ほど。このため、初期費用を比較的早く回収することができます。

機器自体の効率が上がったエアコンと床暖房を上手に組み入れる

chapter 3
4

エネルギー効率が格段に向上したエアコン

家に設備機器を取り入れることは当たり前のこととなっています。**快適な暮らしには風通しをよくし日光をほどよく採り込むような家自体の工夫が不可欠**ですが、年々改良されている設備機器を見直してうまく取り入れることも欠かせません。設備の代表格、**エアコン**はインバーター制御技術の向上により、急速に省エネルギー化が進みました。

エアコンには、空気から温熱や冷熱を取り出す「ヒートポンプ」という装置が組み込まれています。空気中の熱を空気熱交換器で冷媒に集め、その冷媒を圧縮・膨張させて温度を上下させることを繰り返して熱を運ぶという原理。暖房時には空気中の熱を集めて室内に取り込み、冷房時には室内の熱を集めて室外に移動させます。投入する電気エネルギーの約4~7倍もの熱エネルギーが得られます。

エアコンは、1台の室外機に対して1台の室内機を取り付けるセパレートタイプ（ルー

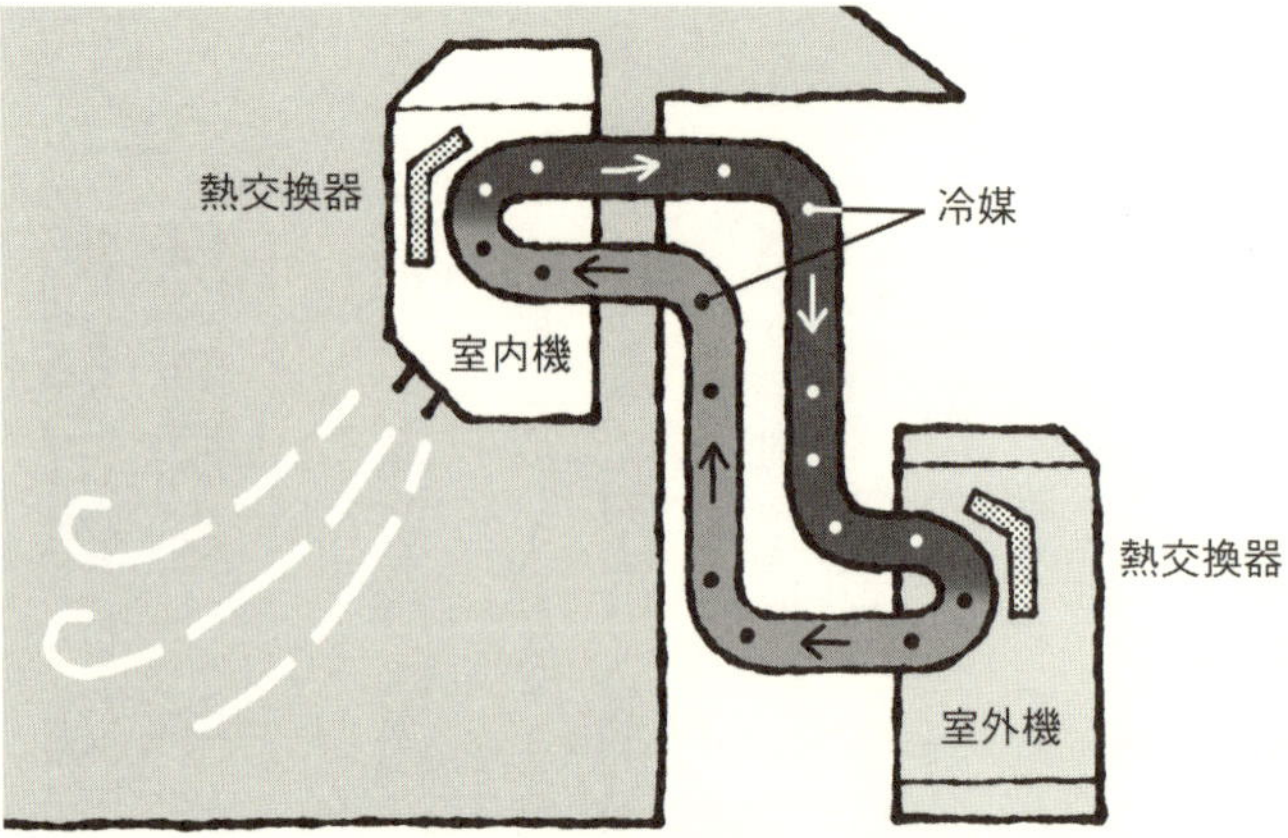

エアコンの熱交換のしくみ

ムエアコン）と、複数の室内機を取り付けるマルチタイプに分けられます。セパレートタイプが一般的で製品の種類も豊富ですが、室外機を置くスペースが限られている場合や外観をスッキリさせたい場合はマルチタイプを選びます。

室内機は**壁掛け型**、**床置き型**、天井や壁に埋め込む**ビルトイン型**などがあります。家電量販店やネットショップで安価に入手できる壁掛け型は家庭用では最も一般的です。壁に露出して取り付けるので工事しやすく、手軽に設置できます。天井埋め込みのビルトイン型は、フラットな天井カバーでインテリアがスッキリします。壁埋め込みは前面グリルがインテリアに調和しやすく、斜め天井に付けられるものもあります。

壁掛け型では、取り付ける位置の下地に合板を張って補強をしておく必要があります。大容量や高性能の機種では、20kg近くになることも。後から設置する場合には、壁下地について業者に確認してもらいましょう。また新築では室内機と室外機を結ぶパイプを通すため、**スリーブ**と呼ばれる孔をエアコン近くの適切な位置に設けておきます。スリーブのない部屋にエアコンを取り付ける場合は、外壁に貫通孔を開けることになります。木造では比較的開けやすいのですが、構造の筋かいを誤って傷めてしまうという施工ミスや、断熱材や防湿層の性能が低下することが起こらないように注意が必要です。軽量鉄骨なども同じように構造や断熱・気密の性能が落ちないように注意します。RC造の孔開けも可能といえば可能ですが、中に入っている鉄筋を切ってしまうことがあるので、既存のスリーブや開口部を利用するのが無難です。いずれにしてもスリーブを開ける工事は、信頼の置ける業者に依頼しましょう。

「室内機が目立つのが我慢ならない」という人は、全館空調システムを導入する手もあります。室内機を家の中にまとめて納めて隠し、吹出口と給気ガラリだけが室内に出てくるのでスッキリとします。廊下などにも空調が行き届き、家全体で温度差がなくなるので快適になります。ただし、天井裏などの配管は煩雑になります。

室外機は、塀やフェンスまた隣家との離隔距離に気をつけ、空気が流れやすいところに設置します。風通しが悪く熱がこもりやすいところでは効率が悪くなるからです。ちなみに、隣家の窓近辺に向かって室外機を据えるとトラブルになることもあるのでご注意を。

床暖房はコストのかかり具合に注意

底冷えのするような寒い冬は、床が暖かいと室温が多少低くても快適に過ごすことができます。**床暖房**は、暖められた床に触れて暖かさを感じることに加え、床表面から放射される輻射熱が人を暖めます。部屋全体の温度にムラがなく、均一な暖かさが得られるため、最近の家のリビング・ダイニングなどでは必ずといっていいほど導入されています。とりわけ吹抜けなど天井高の高い空間では有効です。

床暖房は、**温水式**と**電気式**に大きく分けられます。温水式はボイラーで暖めたお湯を床下の温水パネル（マット）に循環させる仕組み。お湯をつくる熱源は、ガス、石油、電気などが用いられます。最初の導入費用は高くつきますが、運転費用は比較的安くすみます。電気式はヒーターを内蔵したパネルに電気を通して発熱させるもの。割安な深夜電力を利用して床下の蓄熱材に熱を蓄えるタイプもあります。導入費用は安くすみますが、広い面積に設置すると運転費用は高くつきます。ただし、電気式は基本的にメンテナンスは必要としません。

公共上下水道は道のそばまで来ているはず。引き込み方や出し方にはルールあり

chapter 3
5

家の外から水を引き込むには

人が暮らすうえで欠かせない、水。水道といわれる**上水**と同時に、雨水や汚水の**下水**を整えることが必要です。敷地に接する前面道路には通常、上水道本管と下水本管が埋設されています。以前に建物が建っていた売地や建売住宅では、水道はあらかじめ前面道路の本管から分岐させて敷地内に引き込まれています。そうでない場合は、**給水管**で敷地内に引き込み、**バルブ**と**メーター**を設置する工事が必要。**引込み管**が古く傷んでいる場合や細い場合は、引込み替え工事が必要になります。一般的にはこの管径は20㎜以上が必要とされていますが、どうしても20㎜にできない場合は、給水タンクに貯めてからポンプで加圧して給水する場合もあります。もし前面道路に上下水道本管が来ていない場合、引込み工事は予想外に高い値段となることも。不動産を取得する際には確認しておきます。

下水道が整っている場合、前面道路から引き込んだところに**公設桝**が設置され、家から

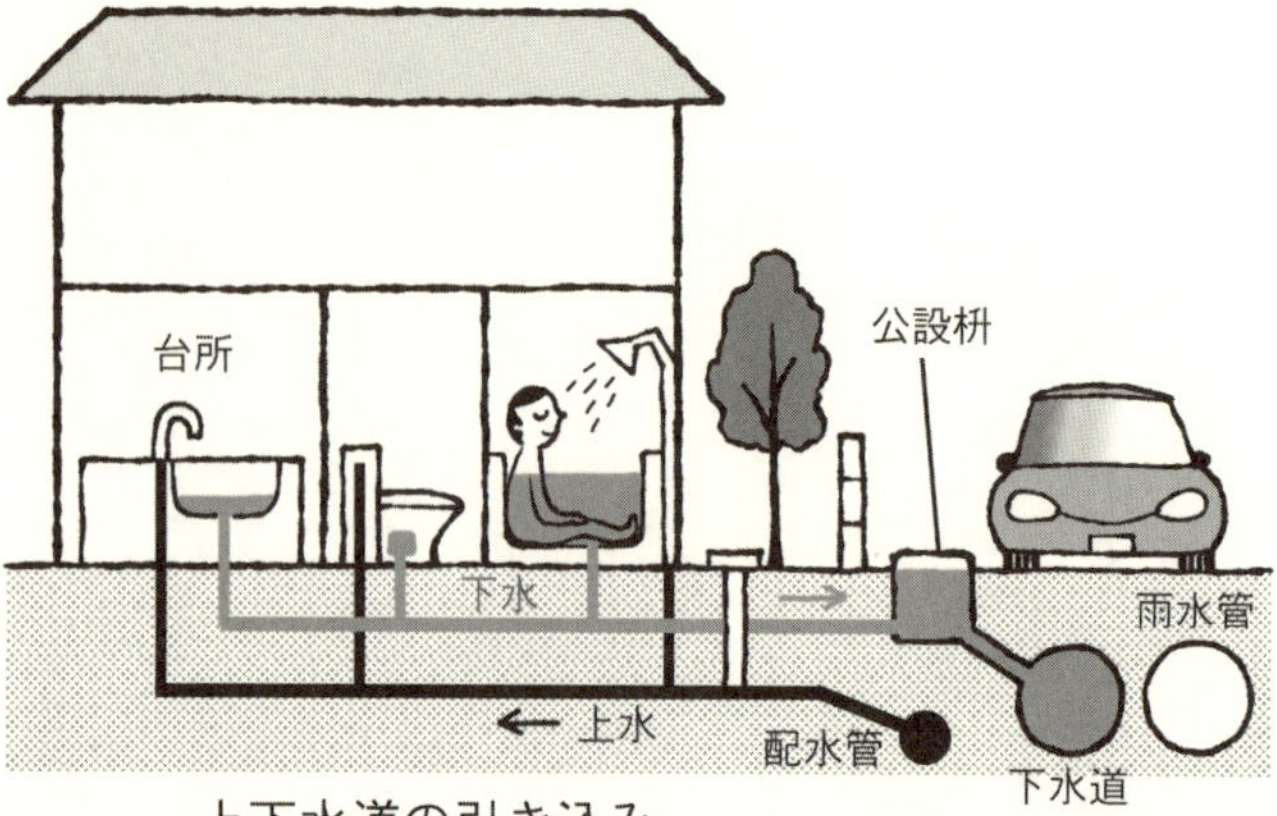

上下水道の引き込み

の**排水管**はそこに接続されます。公共下水道が来ていない場合は、**浄化槽**を設置して処理することになります。浄化槽のサイズは、5人槽・7人槽・10人槽の3種類が一般的。ただし、延べ面積が130㎡以上ある場合は2人家族でも7人槽の浄化槽、二世帯住宅で両方にキッチンと風呂がある場合は10人槽を設置する必要があります。浄化した排水は側溝などに流すか、放流先がない場合は地下に浸透させます。雨水も同じように、側溝などに流すか敷地内に浸透させますが、汚水と分けずに「**合流式**」として下水処理する場合もあります。自治体によっては、雨水浸透桝で地下に浸透させることを推奨しています。

ちなみに、上水でも下水でもない、中間

水道メーターがこのフタの中にあります。これも敷地内にあります。

水道のバルブ(元栓)がこのフタの中にあります。屋外の敷地内にあります。

「合流」と書かれた、家庭の下水と雨水の合流枡。

「おすい」などとあるのは下水道の点検用フタ。もし詰まったらここから洗浄します。

これも雨水枡。雨水を取り込むスリットが小さいタイプ。

雨水枡。この隙間から道路上の雨水を取り込みます。自治体の章がついていることが多い。

に位置する「中水道」もあります。雨水や炊事・風呂の生活排水を浄化処理し、別の管で水洗トイレや散水などの雑用に再利用する水のことです。

家の中の配管は工事と更新がしやすい工法

家の中での給水・給湯配管の素材には以前は塩ビが多く用いられてきましたが、最近ではフレキシブルに曲がる架橋ポリエチレン管など、接続部分が少ない素材が主流となっています。そして、配管は「**さや管ヘッダー工法**」が多く採用されています。ヘッダーと呼ばれる給水・給湯を一元的に分配するユニットから、各種の器具へ途中で分岐させることなく直接配管する方法です。ガイドとなる蛇腹のポリエスチレン製のさや管に樹脂製の内管を挿入していく二重構造の配管で、裸配管に比べて結露が起きにくく給湯配管では保温効果が期待できるというメリットがあります。また、つなぎ目が少なくなるので施工がしやすく漏水の危険性が減り、内管が劣化した場合に交換しやすいという利点もあります。

なお、水栓機器は国内外のメーカーから多種多様な製品が出されていて、自由に好きなものを選べばよいのですが、海外製品はそのまま日本に持ち込んで使用することは給水圧・規格などの関係から難しい状況です。輸入販売されている製品は、国内仕様にカスタマイズされたものがほとんどです。

少しずつ変わりつつあるガスの使い道。給湯から創エネ装置にも。

chapter 3
6

ガスの引き込みと使い道

ガスも水道と同様に、住宅地では敷地の前面道路に**都市ガスの本管**が通っていることがほとんどです。前面道路にガス本管が埋設されていない場合は、ガス本管の延長工事が必要。本管から引き込み、**メーター**を付けて建物内の配管につなげますが、本管から道路境界までの**取出管**についてはガス会社負担、道路境界から内側の宅地建物内配管は居住者の費用負担となります。ガス本管がそばまで来ていない場合には、**プロパンガス**とする方法もあります。プロパンガスはボンベ置き場が必要で概して毎月のコストが高くつくようですが、都市ガスに比べると初期投資が少なくすみ、災害時の復旧が早く、強い火力が得られるなどのメリットがあります。

現代の家でのガスの使い道は、大きく分けて5種類あります。ガスコンロ、ガスオーブンなどの調理機器が一つ。浴室やサニタリーで暖房・乾燥として使うのが二つ目。ガス衣類乾燥機に加えて、浴室暖房乾燥機、そしてお湯を細かい霧状にして噴霧、サウナ効果が得られる「ミストサウナ」も人気を上げているようです。温水床暖房やファンヒーターなどで暖房として使うのが三つ目。ガス温水機器などのガス給湯器が四つ目。そして、ガスを利用した発電・創エネ機器が五つ目です。

多様なガス給湯器で発電も可能に

ガスを熱源にした給湯器といえば、以前は**瞬間湯沸かし器**がキッチンに、**バランス釜**といわれた**ガス給湯器**が浴室に設置されていましたが、1990年代頃から徐々に付けられなくなりました。代わって普及したのが、**ガス温水機器**です。さらに、給湯器では約80%が限界だった給湯熱効率を、排気熱・潜熱回収システムにより約95%にまで向上させたのが次世代ガス給湯機の「**エコジョーズ**」。高性能の給湯器でつくった温水を配管を通して各部屋に循環させることで、どの部屋でも暖房できるシステムが「**TES**《テス》」。給湯のほか、温水式床暖房や温水式浴室暖房装置などに用いられ、新築で多く採用されています。エコジョーズやTESには、ガス料金が割引になる契約プランがあります。

ガスの小型エンジンで発電機を回して発電し、同時に排熱でお湯を沸かすのが「**エコウイル**」（ガスエンジンコージェネレーションシステム）。お湯はタンクに蓄えて給湯や暖房

ガスの引き込み

に利用します。家庭用燃料電池「**エネファーム**」は、燃料電池で都市ガスから水素を取り出し、空気と化学反応させて発電するもの。発電効率が高く、エンジンなどの可動部がなく低振動で低騒音ですが、いまだ高額です。エコウィル、エネファームはガス料金が安くなるプランを適用できるほか、太陽光発電を組み合わせた「ダブル発電」で、余剰電力を電気会社に買い取ってもらうことができます。

なお、電気を利用する給湯器「エコキュート」は、エアコンのようにヒートポンプを備え、空気の熱を使ってお湯を沸かす給湯器です。割安な深夜電力でつくったお湯を300〜550リットルの付属タンクに貯めておき、利用するのが一般的です。

電話線や通信回線は電信柱から。線は隠して家の中をスッキリさせる

chapter 3
7

電話線は電力のケーブルと同じように、電柱を伝って各家庭まで届けられます。ただし、NTTなどの通信会社が電話回線や光ケーブルを渡しているのは「電信柱」。電力会社が設置し、柱の上部に円筒形などの変圧器が付いている「電力柱（電柱）」とは異なります。通信会社と電力会社が共同で持っているのは「共用柱」といいます。

電話回線や光ケーブルなどの屋外から屋内への取り込みは、電柱から住宅の外壁に引き込み、壁から電話用配管などを利用します。配管を利用しづらい場合は、エアコンダクトを使ったり壁に孔を開けたりするなどします。家の中での配線は電線と同じように、壁の中や天井の裏で取り回して必要な部屋に届けられます。電話やLANケーブル、テレビ、インターホン、自動火災報知器やセキュリティ設備など。「弱電」といわれる機器の配線は増える一方です。使う機器をしっかりと把握しておくことが必要ですし、新築の場合は、部屋の間に**CD管**を通しておくとよいでしょう。これは波型の形状をしているオレンジ色の管で、電線やケーブルを中に通しやすくするものです。将来、中の配線を取り替える際

通信線の引き込み

にも便利です。

ＬＡＮケーブルの配線は、電話回線や光ケーブルによる外部からの情報をモデムで受け、複数のパソコンやＯＡ機器をつなぐものです。マルチメディア対応の配線システムや、ＬＡＮの端子を壁埋め込みコンセントに組み込む製品もあります。

最近では、家族で使うパソコン、タブレットなどの台数が増え、家の中は無線ＬＡＮとする家庭も多くあります。無線ルーターの設置個所によっては地階や3階などでは電波が届きにくい個所もあり、無線ＬＡＮ中継機、また電力線を通信回線として使う「ＰＬＣ（コンセントＬＡＮ）」で解消することもありますが、セキュリティには十分な注意が必要です。

もっと知りたい！ 「住まい」の環境

インフラを扱う事業者の種類

インフラを扱う事業者には、どのようなところがあるでしょうか。自分の住む地域で、不具合があった場合などの問い合わせ先を確認しておきましょう。

固定電話は、1985年の通信自由化以後、NTT以外のさまざまな企業が新規参入しました。代表的な電気通信事業者は、次のようなところです。NTT東日本、NTT西日本、KDDI、J:COM、ソフトバンクテレコム、フュージョンコミュニケーションズ。電話料金などのサービス内容は各会社によりさまざまです。

電気事業者は、地域ごとに北海道電力、東北電力、東京電力、北陸電力、中部電力、関西電力、中国電力、四国電力、九州電力、沖縄電力があります。インターネットのプロバイダは、サービス内容や料金のバランスから好みの会社を選びます。

都市ガスを扱う一般ガス事業者は、地域ごとに多数の会社があります。東京ガス、東邦ガス、大阪ガス、西部ガスの４社が会社規模と供給範囲で大手とされています。ＬＰガス（プロパンガス）は、個別の販売事業者（販売店）と契約します。料金は、公共料金である都市ガスや電気の認可・届出料金制とは異なり、ガソリンや灯油などと同じように自由料金で販売事業者が料金を決めています。

水道事業は、必要不可欠なインフラという公共性と、布設にあたって発生する大きな初期コストを長い年月をかけて回収するという特性から、これまでは民間事業者ではなく地方自治体が中心となり進められてきました。今後は民営化も進むと考えられています。

chapter 4

「我が家」と「外」との関係

―「我が家」だけが存在しているわけではない―

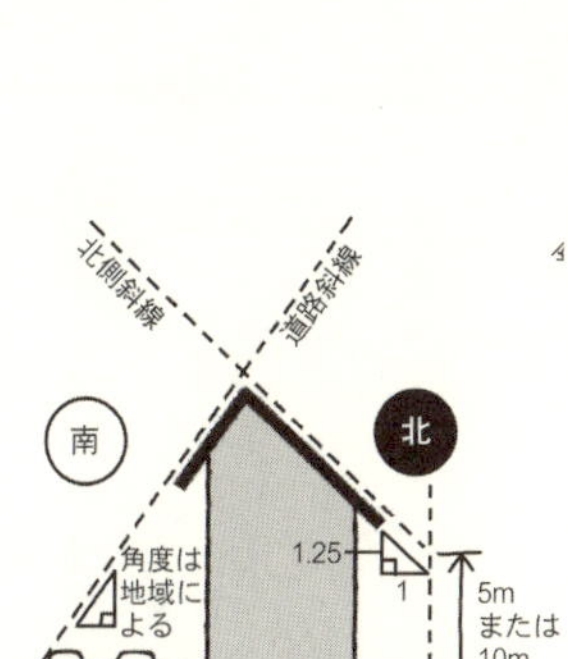

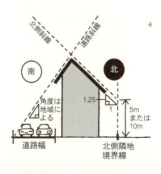

chapter 4
1

大別すると注文住宅と分譲住宅。建築条件付土地も多いけれど内容に注意

この章では、家が建つ土地についての情報や外との関わりについて、不動産的な視点から家を見ることにしましょう。一般的に、戸建ての家を持ちたいと思う個人は、譲り受ける場合を除けば①元から所有している土地で建て替える、②土地を新たに取得して建てる、③土地と建物が一体に販売されている物件を購入する、④中古住宅を購入し必要に応じてリフォームする、のいずれかに該当するかと思います。いずれも、長期に渡る多額のローンを借り入れて家を建設したり購入するのは一大プロジェクトです。事業主として、家の建設や購入に関わる人それぞれに対して主体的であるように心がけたいものです。

さて、新築住宅を取得する場合は、大きく分けて先の①②の**注文住宅建設**と③**建売住宅購入**となります。注文住宅は、ハウスメーカーや工務店、設計事務所などに依頼し、建築請負契約を結んで建てるものです。間取りや意匠、仕上げや設備機器、部材や部品などは打ち合わせをしながら自由に決めることができます。ただし、予算の中で収めようとしてもなかなかうまくいかず、計画や見積もり調整で思わぬ時間がかかることも。依頼先によ

ってかかる価格や時間、品質や仕上がり、そもそも意匠や工法には違いがあるため、事前に十分な検討をしなくてはいけません。建売住宅はいわゆる分譲住宅のことで、ディベロッパーといわれる開発業者などが土地を取得して整備し、家を効率的に建てて販売するものです。「ｎＬＤＫ」や面積などの数字で比べると注文住宅よりは安く、打ち合わせや請負契約がないぶん手続きが簡便で早く取得できますが、既成の諸条件から選ぶので「家づくり」の醍醐味はありません。

土地を探していると「**建築条件付土地**」が多くあることに気づきます。都市部で条件のよい土地はほとんどがそうかもしれません。これは、売買にあたって、一定期間内に特定の建設会社と建築請負契約を結ぶことを条件にしている宅地分譲のことです。土地の売買契約後、３カ月など一定期間内に、土地の売主または売主が指定する業者と建築請負契約を締結する、という内容です。購入者はいちおう間取りや設備、仕上げなどを選ぶことができますが、建設会社が特定されているために建物の構造や工法、設備や建材などの選択の幅は限られていることがほとんどです。広告などで「フリープラン」「自由設計」とまでうたうのは行き過ぎで、実際は建売住宅の延長と思っていたほうがよいでしょう。建築条件を外してもらうことも場合によっては交渉次第で可能なようですが、土地の売却と建物の建築で得られる業者の利益分を勘案して、増額となるのが一般的です。

chapter 4
2

用途地域によって変わる建物の種類や形状。土地購入では事前調査を慎重に

建物が建つ土地はそれぞれがユニークで、どれ一つとして同じものはありません。そして、敷地ごとにさまざまな規制がかかっていて、家が建てられる/建てられない、建てられるとすればどのような建物であればよいのかが定められています。例えば同じ大きさや形の土地であっても、場所が違えば建てられる家の大きさや形は変わってくるのです。

まず、都市計画がかけられた区域では「**市街化区域**」と「**市街化調整区域**」に分かれており、後者では住宅は建てられません。また、前者では、土地の計画的な利用を図るために指定された「用途地域」によって、建物の用途や規模などの規制が異なります。例えば「第一種低層住居専用地域」は低層住宅の専用地域として、絶対高さ制限、道路斜線制限、北側斜線制限、外壁の後退距離など、また建物の用途について最も厳しい規制がかけられています。このエリアでは良好な住居環境が保たれますが、建蔽率や容積率が厳しいため、敷地が狭いと家の面積が極端に限られてきてしまいます。用途地域の特性を知ったうえで、土地の周りを見回してみましょう。道を挟んで用途地域が異なることもあります。例えば、

道の向こうから建築制限が緩い場合はさまざまな用途の高い建物が目につくこともありますが、反対に道向こうから建築制限が厳しい場合は、こちらの土地で大きな面積の家を建てることができつつ、望ましい住環境が得られるということもあります。

また既存の道路を拡幅したり、新たに道路をつくったりする「**都市計画道路**」には要注意です。敷地にこの道路がかかっていれば階数が2以下で、かつ地階を有しない木造建築物などであることが求められます。直接かかっていなくても、近隣で都市計画道路があれば生活環境が一変することがありますので、不動産業者には改めて確認しましょう。

なお、販売される敷地については不動産業者などが調査をしますが、土地探しをしていて気になる土地は自分でもある程度調べることができます。その土地の行政庁に赴き、都市計画課では**用途地域**や**防火指定**、**建蔽率**《けんぺい》・**容積率**・**斜線**などについて、建築指導課では道路の扱いなど、水道課では上水道埋設管について、下水道課では下水道埋設管調査について、など聞くことができます。用途地域などの都市計画情報をウェブサイトで閲覧できるようにしている自治体もあります。また、現地調査として本格的には測量などもしますが、自分で実際に訪れたときの感覚を大切にしましょう。そしてハウスメーカーや工務店、設計事務所など家づくりのパートナーへのアドバイスを仰げば、その土地が求める家づくりに適しているのか、またどのような建物が建てられるかを教えてくれるでしょう。

chapter 4
3

敷地ごとの建蔽率と容積率で建物の大きさが決まる。緩和措置などの例外もあり

前の項目でみた用途地域ごとに定められている建蔽率と容積率によって、敷地にどれほどの規模の建物を建てられるかが決まってきます。厳密な算定は家づくりのパートナーに詳しく聞くとよいのですが、土地探しをするときには、不動産情報から自分で建てられる建物の見当をつけることができれば、精度よく検討できるでしょう。

まず、建蔽率から決まる家の建築面積についてです。**建築面積とは、敷地の中に家を建てるのに使う面積**を指します。建物の真上から光を当てるとすると、その時に地面にできる影の面積が建築面積となります。ただし、軒や庇、バルコニーなど、柱や壁に支えられずに跳ね出している部分は、その先端から1mを除いて計算してよいことになっています。**建蔽率は、建築面積の合計の敷地面積に対する割合**をいい、建築面積を最大どれだけとることができるかは、「敷地面積×建蔽率」で求めることができます。例えば、敷地面積が100㎡で建蔽率が60％であれば、最大の建築面積は60㎡となります。敷地が角地であれば、建蔽率が10％加えられることもあります。

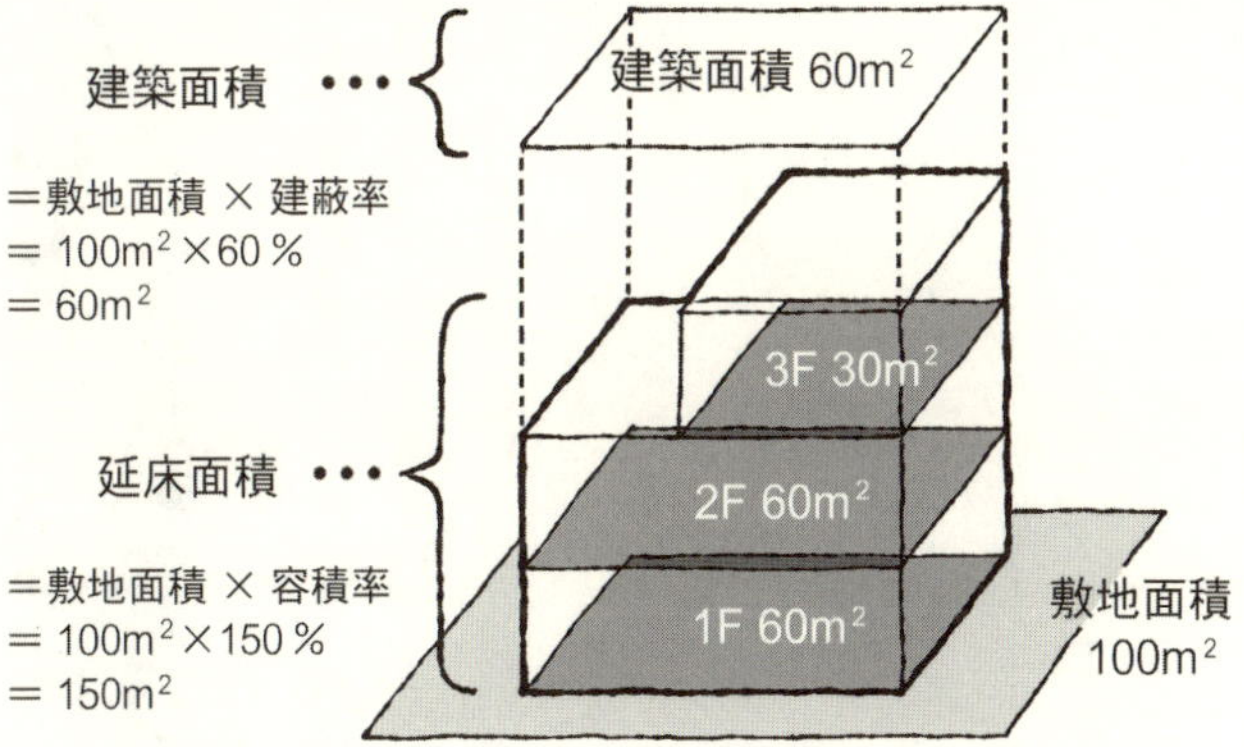

敷地面積 100m²、建蔽率 60％、容積率 150％の場合

次に、容積率から決まる延床面積についてです。延床面積とは各階の床面積の合計を指し、**容積率は建物の延床面積の敷地面積に対する割合**をいいます。つまり、延床面積を最大どれだけとれるかは「敷地面積×容積率」で求めることができます。例えば、敷地面積が１００㎡で容積率が１５０％の場合、建物の延床面積は１５０㎡までとなります。ただし、容積率は敷地が面する道路の幅によって変わってきます。前面道路幅が12m未満の場合は、道路幅に一定の係数を乗じた容積率と、指定の容積率とを比べていずれか小さいほうの容積率となります。係数は、住居系の用途地域は０・4、その他の用途地域は０・６というのが原則です。

建てようとする建物にかかる斜線制限の数々。特に北側斜線をクリアするのに難儀な場合も

chapter 4
4

住宅街で家を建てる際には、「**斜線制限**」という規制がほとんどの場合でかかってきます。斜線の種類には「**道路斜線**」「**隣地斜線**」「**北側斜線**」があり、斜線それぞれの内側の範囲内に建物の高さを抑える必要があります。

道路斜線は前述の用途地域ごとに決められていて、住居系の地域では厳しくなります。前面道路の反対側の端から一定の角度で引かれる斜線内に建てなければいけません。ただし、道路境界線から建物を後退させると、この斜線は緩和されます。

隣地斜線は道路に接する部分以外の隣地から影響を受ける制限ですが、第一種低層住居専用地域と第二種低層住居専用地域では実質的に適用を受けることはほとんどありません。その代わり、これらの用途地域では10mか12mの「**絶対高さ制限**」があります。どちらの高さかは、都市計画で指定されています。

北側斜線は、北側の隣地の日照と通風を確保するために設定されています。北側の隣地境界線上5mの高さから、勾配1：1・25でひかれる斜線内におさめるというものです。

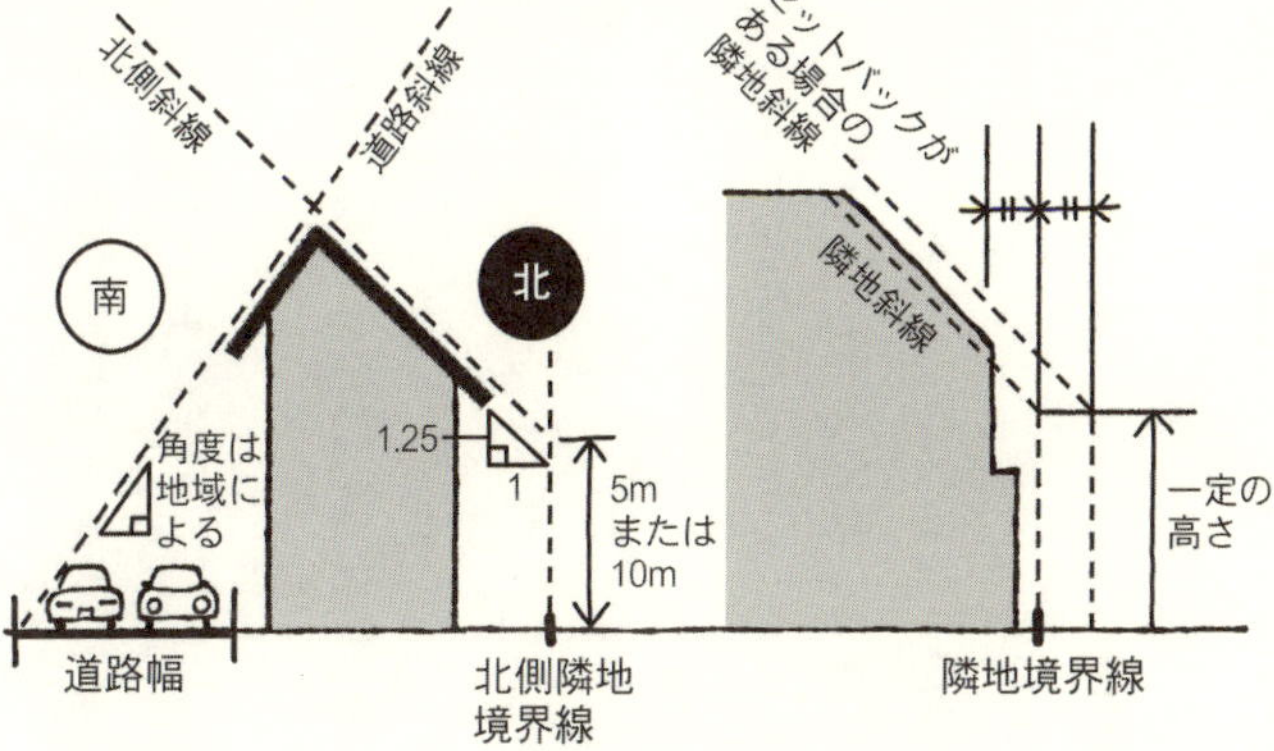

建物にかかる斜線制限の例

道路斜線制限、隣地斜線制限よりもさらに厳しく、屋根の形が北側斜線で決まってくる場合も多くあります。

このほか近隣の日照時間が短くなるのを防止するための「**日影規制**」でも高さは制限されますが、3階建てで対象となるくらいです。また、2003年の建築基準法改正では高さ制限に「**天空率**」という概念が盛り込まれ、これが斜線制限に適合する建物と同等以上の場合には、例外的に斜線制限の適用を除外されることとなりました。天空率は斜線制限ではなく、建物と空の比率で判断します。仮に道路斜線や北側斜線制限が不適合でも、天空率が適合であれば制限は除外されます。実際の天空率の計算は、パソコンの専用ソフトで行われます。

chapter 4
5

接道義務で既存不適格になっていることも。古くからの住宅地では2項道路に注意

敷地と道路にも密接な関係があります。まず「**接道義務**」が建築基準法で定められていて、都市計画区域内の敷地は原則として幅4m以上の道路に2m以上接していなければなりません。日常生活や避難・消火活動に必要とされるためです。もし2m以上接していない敷地で建て替える場合は、隣家から土地を買う交渉などをする必要があります。建て替えずに改修する方法もありますが、いずれは同じ問題に直面します。大きな宅地が分割して分譲されるときにできる、旗のような形をした「**旗竿《はたざお》敷地**」でも、道路には2m以上の間口が接しています。ただし、敷地延長部分が幅2mでは軽自動車を止めて脇をすり抜けるのが精一杯。2・5mほどあれば、工事車両も止めることができて問題は少なくなります。敷地延長部分の面積は、建蔽率や容積率を計算する際の敷地面積に含まれます。

ただし道路の幅が4m未満でも、1950年の建築基準法施行前から使われていた道路で、かつ特定行政庁が道路として指定したものは建築基準法上の道路とみなされます。これを「**みなし道路**」や「**42条2項道路**（**2項道路**）」といい、古くからの住宅地では意外

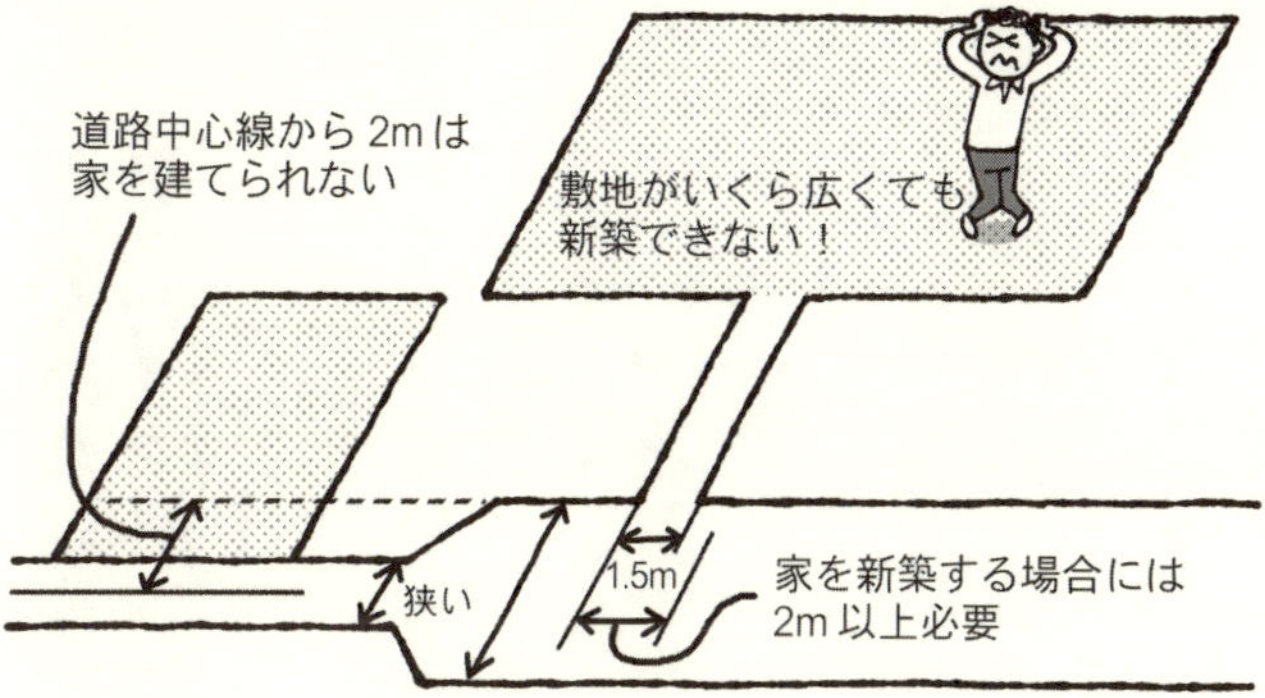

接道道路に注意

と多くある形態です。この場合は、道路の中心線から２ｍ後退したところに道路境界線があるとみなされ、家を道路側から後退して建てる必要があります。道を挟んで向かいの建物も建替えの時に後退することで、将来的に４ｍの幅を確保しようとする考えです。ただし、道路の反対側が川や崖などの場合は境界線から４ｍ後退となります。

不動産の広告では２項道路であることを表示しなければならず、敷地面積が約１〜２割以上減少することになる場合には、その面積も表示しなければなりません。後退した部分は道路とみなされ、建蔽率や容積率を算定する際の敷地面積には含まれないため、狭小の敷地では注意しなければなりません。

chapter 4
6

所有権を明確にする不動産の登記。固定資産税には軽減措置も

家が完成すると、登記が行われます。**登記とは、土地や建物といった不動産の所在、地番や家屋番号、面積、種類、構造などを公示するとともに、その不動産についての相続や売買、あるいは抵当権といった内容を法務局に備えられている登記簿に記載し公示すること**です。土地建物の状況や権利関係が公開されることで、建築主が確かにその建物を所有しているという事実が示され、かつ保護されます。法律的に不動産の権利が発生することで、今度はこの不動産を買おうとしたり、不動産を担保に融資しようとする人が安全に取引できるようになるのです。

登記の申請では、必要事項を記入した申請書と添付書類を、不動産の所在地を管轄する法務局に提出します。申請書は自ら用意して提出することもできますが、通常は建築主が司法書士に代行してもらうことがほとんどです。司法書士は、不動産業者や工務店、住宅ローンを組む金融機関から紹介されることが一般的です。家を新築した時などには不動産登記簿の表題部の登記簿を作成する必要がありますが、この部分は土地家屋調査士が担当

して申請書を作成することが一般的です。

そして、**不動産を持つと、毎年1月1日現在の所有者に固定資産税と都市計画税がかかってきます**。課税庁である市区町村が税額を計算し、納税義務者に納税額を通知、納税者はそれにもとづいて税額を納付します。固定資産税の税額は固定資産税評価額×1・4%、都市計画税の税額は評価額×0・3%です。固定資産税評価額は3年に一度見直されることになっていて、住宅や住宅用地については課税標準や税額の軽減措置があります。住宅用地で1戸当たり200㎡以下の住宅用地であれば、土地の固定資産税の課税標準が6分の1に、都市計画税の課税標準が3分の1に軽減。200㎡を超える住宅用地についても、それぞれ3分の1、3分の2に軽減されます。建物については、1戸当たり120㎡までの部分の固定資産税は2分の1に軽減。軽減期間は通常は3年間ですが、規模や仕様によって5年間・7年間と幅があります。

また、**住宅ローンを借り入れて家を取得していれば、「住宅借入金等特別控除（住宅ローン控除）」として所得税や住民税の減免が受けられます**。住宅ローンの年末時点の残高の1%分、その年払った所得税の還付を受けられたり、所得税から控除しきれない場合には翌年支払う住民税が減ったりする制度です。控除を受けられるのは現在10年間が最長です。リフォームでも一定の条件を満たせば、住宅ローン控除の対象になります。

chapter 4
7

トラブルの絶えない音問題。外からの・内からの音を防ぐには

たびたびニュースで取り上げられるように、近隣同士の音のトラブルは誰にとっても身近に起こる可能性があり関心の高いものです。騒音とまでいかなくても、住宅地には音であふれています。電車の線路や幹線道路沿いでは交通の音、消防署や警察署のそばではサイレンの音、隣人の話し声やピアノ、オーディオの音、等々。幼稚園や保育園のそばで子供の声が耳に障るという世知辛い話もあります。人が密集して生活するうえで起こりがちな騒音問題が難しいのは、人によって感じ方が異なり、騒音問題を扱う国の法律は工場などから出る音に限定されているためです。また、戸建住宅では騒音問題がマンションよりも一般的に起こりにくい一方で、マンションでは管理人に仲介に入ってもらうことができますが戸建てではそうすることもできず、八方ふさがりになりがちです。

戸建住宅でも、特に隣棟間隔が狭い都市部の住宅では、音対策をある程度考えておくことが重要です。外からの騒音を軽減するだけでなく、自分の家から出る音で近隣に迷惑をかけないためです。音の伝わり方は、大きく分けて空気伝播音という空気を伝わってくる

外の音はなるべく防ぎたい

音と、固体伝播音という壁や床を伝わってくる音があります。このうち、戸建住宅では壁や床・天井を共有して他の世帯と隣り合うことはないため、固体伝播音はトラブルになりにくいといえます。あるとすれば家族間で足音が気になることで、二重床や防振床、遮音フローリングにするなど床の仕様を変えることが対策となります。

外からの音を遮るためには、まず窓や壁の隙間をなくすこと。窓は二重サッシや防音ペアガラス、合わせガラスなどが効果的。また、石膏ボードや合板などを二重張りにしたり断熱材や遮音材・吸音材を組み合わせる方法があります。重量がある厚い壁が防音効果を高めるため、窯業系サイディングやタイル張りなどが有利といわれます。

chapter 4
8

防犯対策は弱点を見定めて効果的に。もしもに備えて警察・消防の把握も

防犯の意識の高まりとともに、家にホームセキュリティのシステムを導入したり、自分で防犯グッズを設置したりする家は増えています。警備会社のシステムは、不審者が侵入すると警備会社に自動で通報される仕組み。代表的な警備会社で月額約3000円～で、機器がレンタルか買い取りか、設置するセンサーの数などで料金はプラスされます。

設計の時点で窓や玄関まわり、外構での工夫もできますが、できた家に自分で防犯対策をする場合は、周囲からの見通し状況や家のウィークポイントを理解したうえで、気になるところをカバーしていきます。不審者を家に寄せ付けないためには、勝手口や家の周囲に人感センサー式の照明や警告灯などを設置することが効果的。戸建住宅の空き巣被害で最も多い窓からの侵入に対しては、割られにくいようにガラスの間にシートを挟んだ防犯ガラスにしたり、防犯フィルムを張って対策します。玄関ドアの鍵は、ピッキングに強い製品に交換します。監視カメラは、最近では家庭での無線ＬＡＮが普及したことから、大掛かりな配線工事や専用の再生録画装置を必要とせず、手軽に接続・設置できるようにな

年々、進化する住宅のセキュリティ

りました。価格もこなれています。パソコンでの再生や録画も可能ですし、多くの製品がスマートフォンと連携でき、外出先でもカメラの映像を確認することができます。

また、万が一の場合に備え、自宅の周辺にある交番や警察署、消防署、交番や自治体の出張所は知っておいて損はありません。それぞれの位置と自宅からの距離、管轄区域を事前に把握しておきましょう。

自治体のなかには、どの地域でどのような犯罪が多いのかを公開し、防犯を喚起するところもあります。特に、東京都の「犯罪情報マップ」「交通事故発生マップ」（警視庁）、大阪府の「犯罪発生マップ」（大阪府警察）は地図で分かりやすく確認できます。

もっと知りたい！「住まい」の環境

ウェブサイトで土地の情報を得る

都市計画道路の位置、用途地域の色分けなどの情報が書かれた「都市計画図」は、「○○区　都市計画図」などと検索すると、自治体などのウェブサイトで閲覧できます。自治体により地図の形式が異なりますが、たいていの場合は「用途地域等」「道路網計画」などの情報を、地図上に表示することができます。これを見ると、これから買おうと思っている土地の用途や、付近に道路の計画があるかどうかなどが分かります。

地域の地価の相場を知ることができる「公示価格」は国土交通省のウェブサイトで調べることができます。また、道路ごとに土地の単価（路線価）を示した「路線価図」は、国税庁のウェブサイトから閲覧することが可能です。

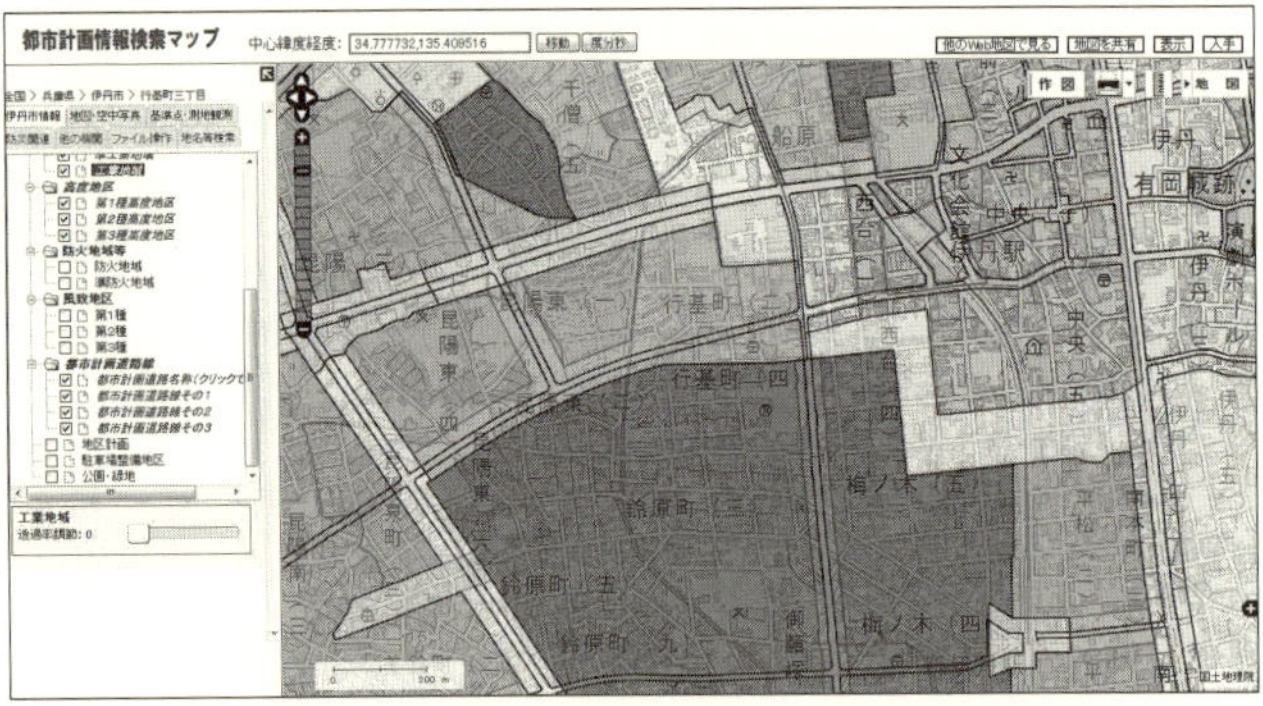

伊丹市の都市計画図の例。自治体によって表示方法はさまざまです。

chapter 5

住まいの使い方とメンテナンス

―知っておけば「快適」がながもち―

chapter 5
1

寿命が延びると考えられる日本の住宅。それでも適切な時期のメンテナンスは必須

広く知られているように、日本の家は欧米の家に比べて耐用年数が圧倒的に短いといわれています。国の報告書に、家の寿命は日本26年、米国44年、英国75年という統計がありました。日本の家が短命というデータが出ているのは、戦後に建てられた家がバブル期前後に世代交代やライフスタイルの変化が重なり、多く建て替えられたことが一因と考えられます。耐用年数＝耐久年数ではなく、住まい手の都合で建て替える時が、日本の家の寿命とみなされているのが現状です。近年では家を建てる技術や工法、建材などは格段に進歩したため、家の寿命はもっと延びるでしょう。

とはいえ、１００年２００年もつことが普通の欧米の家に比べると短命なのは事実。**メンテナンスは適切なタイミングと個所で行うことが必要です**。相談先は、家づくりをした会社ということが一般的。マンションのように修繕積立金が徴収されないぶん、戸建住宅では自分でメンテナンス時期を見越して計画的に修繕費用を積み立てておく必要があります。家の部位ごとに、メンテナンス時期をざっくりと把握しておきましょう。まず外回り

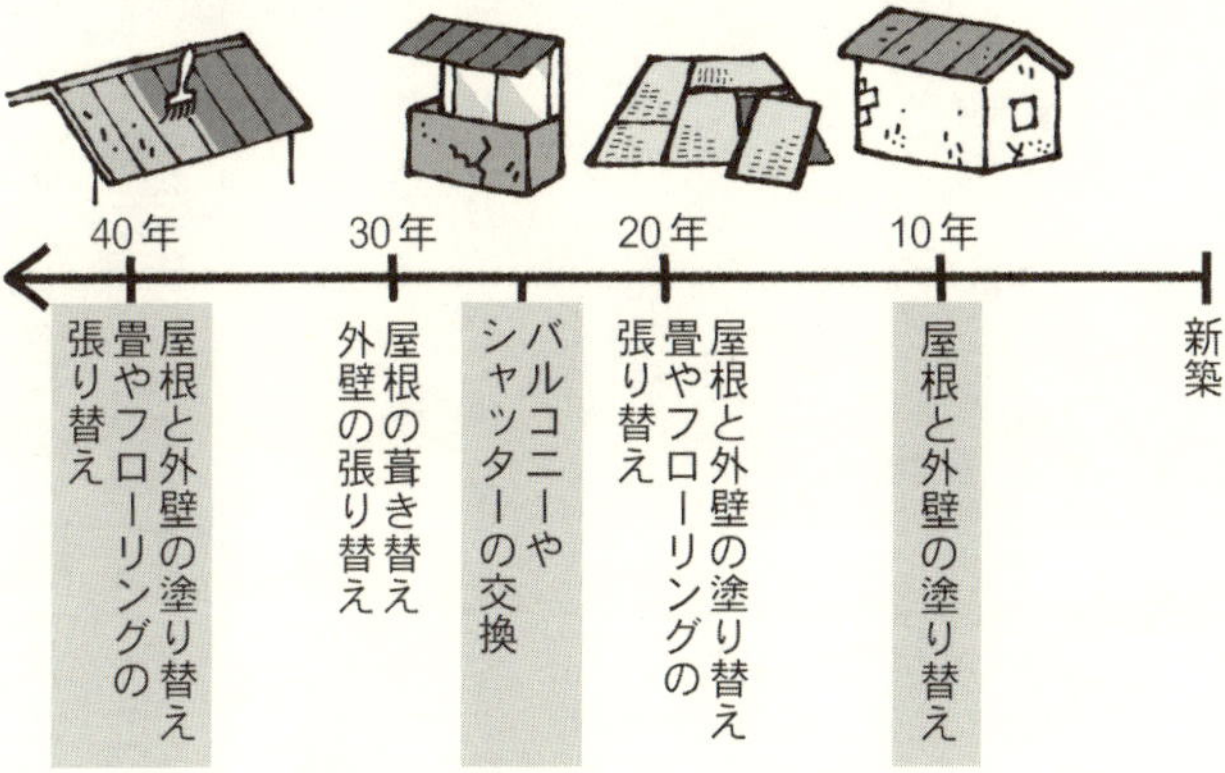

家のメンテナンスサイクル

の屋根と外壁では、10年を超えるあたりから色あせが起こってくるので塗り替えを行い、築25年頃から葺き替え・張り替えを行います。バルコニーやシャッター、サッシなども25年頃から本体の交換時期です。内装では、クロスは10年ほどで貼り替え、フローリングや畳は20年前後で全面張り替えが一般的です。特に時間の経過を感じやすい設備機器も約20年前後で交換を検討します。時期が重なる項目が多いのですが、足場を組むことが必要な補修工事などは、一緒にしてしまったほうが効率的で長い目でみると安くすみます。また、個々のメンテンナンスに合わせて普段見えない床下や下地の状態をチェックすることで、重大な不具合を未然に防ぐことができます。

chapter 5
2

美観も機能上も重要な外壁。塗装は種類によって耐用年数が異なる

家で外壁は最も目立つ場所かもしれません。また、雨や風、日差し、土ぼこり、温度・湿度の変化など、外壁は厳しい条件に常にさらされています。**外壁は、美観を保ちながら建物そのものと中に暮らす人の生活を守る役割がある**のです。新築の場合、外壁の1回目のメンテナンス時期は、10～15年後ほど。普段から見たり触ったりし、塗装表面が劣化して白い粉が浮き出るチョーキングや、塗装のはがれやヒビがないかをチェックします。

外壁がサイディングの場合、表面は樹脂系の塗装による皮膜で守られています。塗料は大きく分けてアクリル塗料、ウレタン塗料、シリコン塗料、フッソ塗料があり、一般的に、後者になるほど耐紫外線や防汚性能が高く、耐久性が高いため高価になります。地域環境によって異なりますが、アクリル塗料の耐用年数は5～7年程度、ウレタン塗料の耐用年数は8～10年程度、シリコン塗料の耐用年数は12～15年程度、フッソ塗料の耐用年数は15～20年程度。サイディングでは、シーリング（コーキング）工事と呼ばれる、サイディングの継ぎ目部分の防水加工も、定期的に切れがないかを確認して補修することが必要です。

外壁の劣化

モルタル壁も、サイディングと同じように樹脂系の塗料を定期的に施してメンテナンスします。使われる塗料の種類も、サイディングと同様です。外壁のダメージが進んでいる場合には、サイディングを上から重ね張りしてしまう方法もあります。

タイル張りの場合、耐久性に優れるので塗り直しは基本的に必要ありません。一昔前はセメントモルタルでタイルを貼り付ける方法が一般的で、目地の劣化やタイルの浮きに伴う補修が必要でした。近年のタイル張りは接着剤によるものや、レールやボードのくぼみに引っ掛けるように付ける方法が主流となっています。この場合はタイルの欠けや割れがないかを定期的に点検し、必要であれば補修するだけですみます。

chapter 5
3

雨がかりは外壁以上の過酷な屋根。不具合の発見のためにも定期的な塗装を

外壁と同じく、過酷な自然環境にさらされる屋根材も、定期的なメンテナンスが必要な部位です。**屋根の第一の役割は、雨水の浸水を防ぐこと**。そして、屋根材の下にある防水シートや野地板といった下地材を直射日光と熱から守り、傷めないようにすることです。屋根の状態は、家から離れたところから見て、屋根材のズレがないか、傷が付いていないか、色あせがないか、苔や錆が付いていないかなどを確認します。また、屋根裏に入って水が下地や小屋組に滲み出ていないか、湿気が溜まっていないかなどを確認します。

セメントに繊維を混ぜて加圧成形したスレート屋根では、約10年に一度の定期的な塗装が必要とされます。材料自体は実際にはもっと長い年月もつようですが、築10年程度で外壁の塗装をするときに足場を設置するため、合わせて屋根も塗装したほうが、足場費用が余計にかからなくてすむというわけです。また、塗装の際に不具合や異常も発見しやすくなります。スレート屋根の塗装は主に美観の維持や向上のために行われ、材料自体の耐用年数である20~25年のときに状況を見て張り替えます。

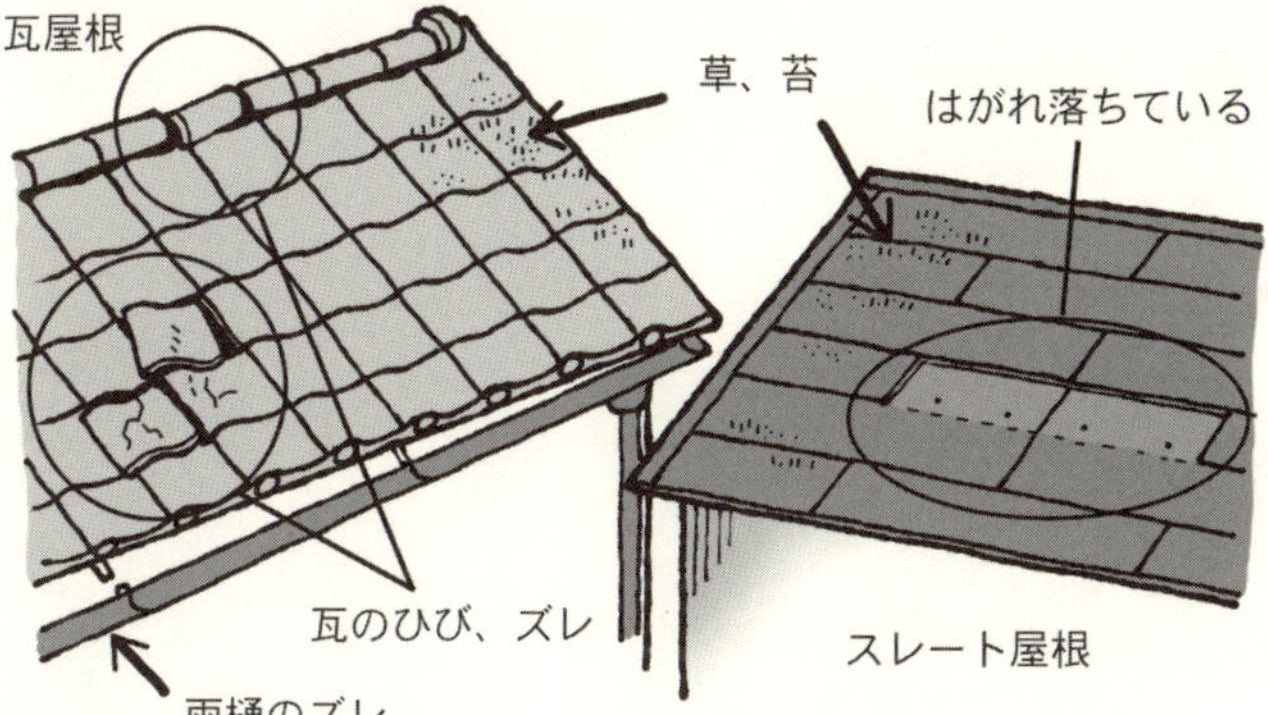

屋根の異常は目視で分かることもある

瓦自体の耐用年数は50～100年と、一般的な屋根材の中では最も長いといわれます。ただし、瓦が部分的に割れていたり、瓦を留め付ける漆喰が崩れたり釘が浮いているようであれば、補修を行います。必要なところを部分的に補修できるのが瓦屋根のメリット。もし瓦と下地の双方の劣化が激しい場合は、葺き替え工事を行います。

金属屋根はストレート屋根と同じように約10年に一度の定期的な塗装メンテナンスが必要とされます。ガルバリウム鋼板は20年～50年と耐久性が高いのですが、塗料による防水性能が失われたり、屋根材同士を留め付ける部材などで、もしも錆が出た場合に放置しておくと腐食が広がり、孔を開けてしまいます。

chapter 5
4

リフレッシュ効果の高い室内のメンテナンス。床といえば気になる浸水の対策は

壁や床・天井、建具など室内のメンテナンスについては、美観の維持・向上が主な目的となるでしょう。いくら掃除をこまめに行い、大掃除を定期的にしていても、気づけばうっすらと汚れが目立つ個所が出てきます。壁や天井のクロスの貼り替え時期は、一般的に10年前後。ただし、キッチンやトイレ、洗面所などの水まわりや、大勢の人が集うリビング、喫煙者がいる場合などはもっと短くなります。汚れが目立ってくる前に貼り替えるようにしましょう。せっかくの持ち家であれば、塗装も含めて、欧米のように個々人の趣味やその時の気分に応じて多彩な色や柄、表情をもっと頻繁に楽しみたいものです。

フローリングの床は、壁などに比べると工事が大掛かりになり、張り替えの時期は一般的に15～20年と長めです。ただし、床鳴りやきしみ、反り、傷みや汚れが目立ってきたら張り替えの時期です。床下地が傷んでいる場合は、床下地も一緒にリフォームします。畳は、数年で表裏をひっくり返し、さらに数年で畳床はそのままに畳表を取り替える「表替え」を行います。畳自体を交換するのは、約30年が目安です。

室内のメンテナンスでリフレッシュ

なお、ゲリラ豪雨や河川の氾濫などで床下浸水・床上浸水が起こる可能性のある地域もあります。浸水が起こると汚水や泥などで床や床下などが汚れるうえ不衛生になり、後処理には膨大な労力がかかってしまいます。決定的な対策をするのは難しいですが、土嚢《どのう》を常備しておくことはできます。浸水の予想される区域や浸水の程度などを記載した「ハザードマップ」をウェブサイトなどで閲覧できるようにしている自治体もあるので、参考にします。そして、火災保険では水害が補償されるものと補償されないものがあり、その基準や補償内容はさまざまです。水害の危険の高い地域に住む場合は、加入する火災保険での基準や内容を確認しておきましょう。

chapter 5
5

地震に備える家の耐震化。耐震診断と補強工事には助成や融資もあり

地震大国日本で発展してきた基準

大地震の起こる可能性がどこでもあるといわれる日本では、家の地震対策は必須といえます。これまで大地震が起こるたび、地震にどのように対応して家を安全にするかで議論が起こり、基準が見直されてきました。一つの大きな改訂は、1978（昭和53）年に宮城県沖地震で多数の家屋倒壊被害が発生したことを機に、1981（昭和56）年6月に強化された耐震基準です。この基準は以前の基準（旧耐震基準）と区別し、「**新耐震基準**」と呼ばれて中古住宅の売買の一つの指標となっています。さらに1995（平成7）年の阪神・淡路大震災を機に耐震基準が見直され、2000（平成12）年には建築基準法が改正されて耐震に関する仕様などが定められました。

1995年12月には「建築物の耐震改修の促進に関する法律（**耐震改修促進法**）」が施行されました。この中では現在の新耐震基準を満たさない建築物について、「**耐震診断**」

や改修を積極的に進めることとされています。耐震診断は、建物が地震に対してどの程度被害を受けにくいかといった地震に対する強さ、つまり耐震性の度合を調べるものです。戸建住宅の場合、一次診断法の結果、評点0・7以上1・0未満であれば倒壊する可能性があり、評点0・7未満であれば倒壊する可能性が高いと判断されます。耐震診断の結果、耐震性が不足していると判断されたときには、耐震改修工事を施すことで耐震性能を高めることができます。なお、評点が1・0以上1・5未満であれば一応倒壊しない、評点1・5以上は倒壊しないという判定となります。

耐震改修工事の金額は規模や工事箇所、仕様によってさまざまですが、最も多いのは100〜150万円。全体の半数以上は200万円以下で行われています。多くの自治体では、耐震診断や耐震改修工事に対して助成や融資を行っていますし、耐震改修を行った住宅に対する固定資産税や所得税の減額制度も設けています。また、耐震改修を伴うリフォーム工事では住宅金融支援機構の「リフォーム融資」も利用できます。

耐震工事として在来軸組工法で一般的なのは、壁の補強として構造壁の部分に筋かいを取り付けて金物で補強し、構造用合板を打ち付けるというものです。その他、基礎のひび割れの補修や鉄筋の入っていない基礎の補強、屋根や床面を構造用合板で張るなどの補強、腐食したりシロアリ被害にあった部材の交換などがあります。他のリフォーム工事と一緒に耐震補強工事を行えば、費用を安く抑え、工期も短くできます。

耐えるだけでなく逃す・抑える方法も

家を地震から守る仕組みには、現在は大きく分けて「耐震」「免震」「制振（制震）」の3種類があります。**耐震は、建物全体を頑丈にして、地震や強風に耐えられるようにするもの**で、最も一般的です。木造住宅では、地震や強風の際に建物にかかる横方向の力に耐えられる強い壁＝耐力壁（耐震壁）をバランスよく配置します。

免震は、地盤や基礎と建物を切り離したうえで、両者の間に水平方向に動きながら動き

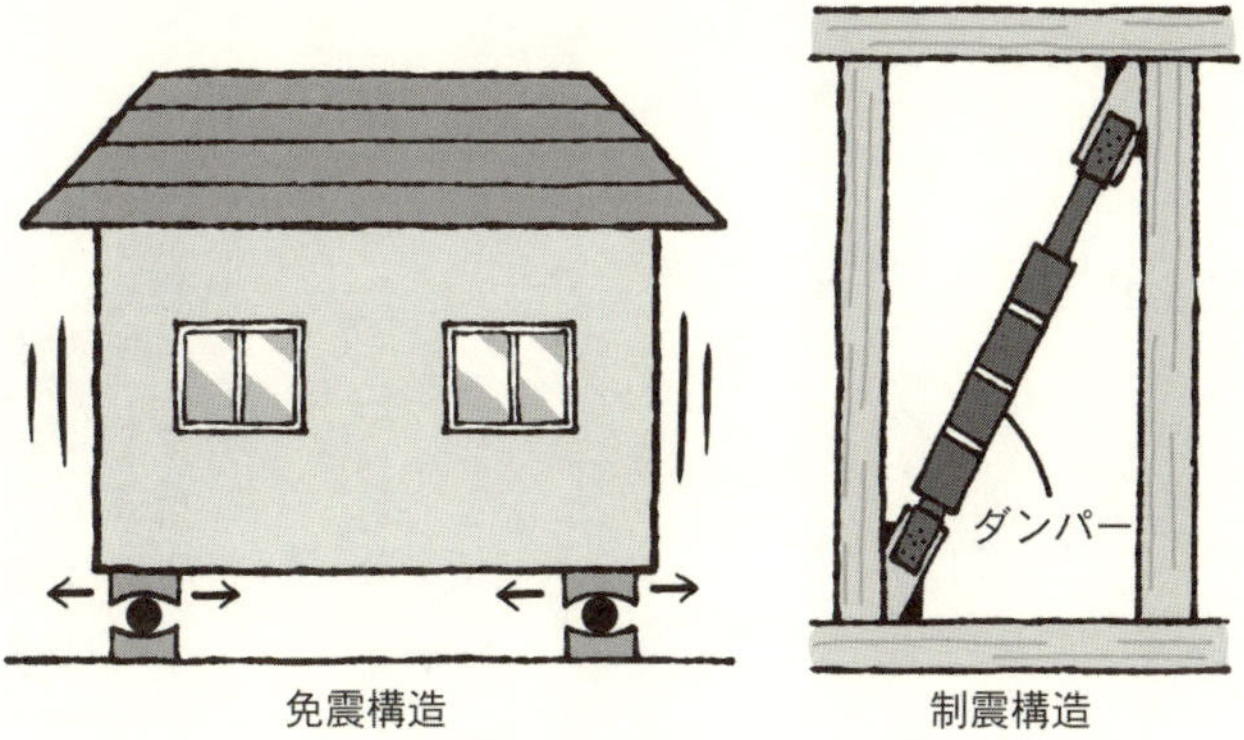

地震から家を守る

を吸収させる装置を設け、地震の揺れを建物に伝わりにくくするものです。大規模な建物や公共施設、病院などで主に採用されてきましたが、住宅規模でのシステムも開発され、適用が進んでいます。コストをどう抑えるかが普及の鍵となるでしょう。

制振（制震）は、揺れを制御する装置を壁の中に組み込み、地震や強風による揺れを少なくするものです。木造住宅では耐力壁にダンパーを取り付け、建物の揺れをダンパーに吸収させて軽減する仕組みです。比較的手軽ですが、耐力壁との兼ね合いを検討しつつ各階で適切に配置しなければならず、間取りの熟考が必要です。なお地震保険には、建物の免震や耐震などの性能に応じた保険料の割引制度があります。

chapter 5
6

火が燃え移り広がることを防ぐには。屋根、外壁、そして軒裏にかかる規制

「準防」などで規定される外まわりの構造や仕上げ

住宅地に建っている家を見て歩くと、外壁をモルタルやサイディングなどで仕上げ、屋根をスレートや瓦などで仕上げた家がほとんどであることに気づきます。これらはいずれも、建物の近隣で火災が起きた時にその火災が建物に延焼するのを防ごうとするためです。都市の土地には都市計画法にもとづいて「**防火地域**」「**準防火地域**」、そして「**法22条区域（屋根不燃化区域）**」が指定されています。これらの地域で建物を建てる場合、建物の規模によって構造や建物の材料などが規制されます。どの地域に該当するかは都市計画図などに記されていて、役所で配布される資料などで確認することができます。

防火地域として指定されているのは、主に都市圏の駅前などの商業地域などです。ただし、例えば東京都の中央区や千代田区などのように、ほとんどのエリアが防火地域として指定されている場合もあります。延床面積が１００㎡を超える場合や3階建て以上の場合、

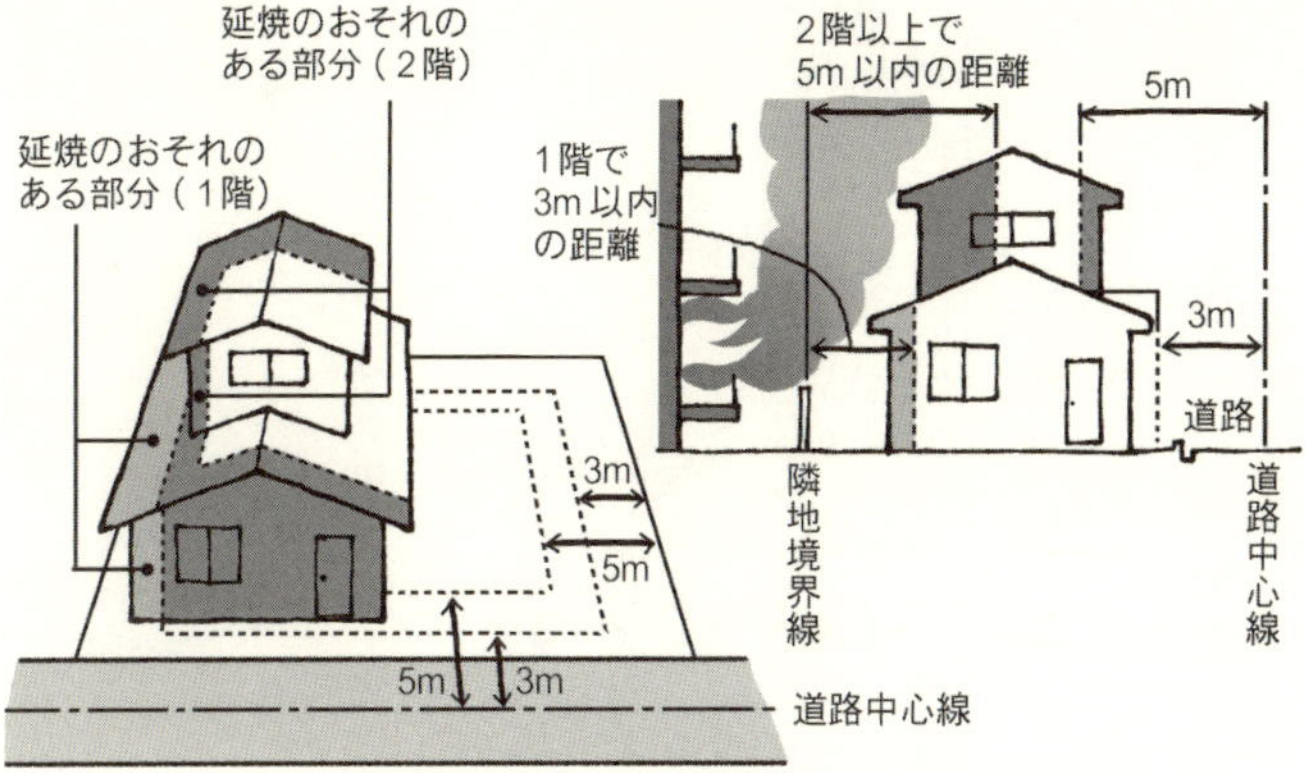

延焼のおそれがある部分

耐火性の高い耐火建築物としなければなりません。50㎡を超えると、耐火または準耐火建築物とする必要があります。木造建築は原則として建てられません。

　住宅が多い市街地では広範囲に渡り、準防火地域や法22条区域に指定されていることが一般的です。東京都23区では防火地域以外はすべて準防火地域となっています。準防火地域では屋根の不燃化が要求されたうえで、木造家屋の外壁のうち、延焼のおそれがある部分は防火構造とし、窓・扉などの開口部は網入りガラス入りサッシなどにすることが義務付けられています。延焼のおそれがある部分は敷地境界線や隣の建物に近い部分で、1階は敷地境界線などから3m以内、2階以上は5m以内にある部分の外壁や軒裏を指します。上階のほうが大きいのは、炎は上に行くほど横方向に広がる性質があるためです。防火構造は、火災に30分間さらされても、構造上支障のある変形や破壊を生じず、またその裏面が出火に至る温度に上昇しないことが要件です。この構造には、政令で定める技術的基準に適合する鉄網《てつあみ》モルタル（ラスモルタル）、漆喰《しっくい》塗りなどがありますが、その他の構造でも先の要件を満足することが確認されれば、防火構造として国土交通大臣より認定を受けたものを使うことができます。準防火構造は、火災に20分間さらされても大丈夫な構造です。法22条区域では木造を建てることはできますが、屋根を不燃材で葺き、外壁の延焼のおそれのある部分は準防火構造とすることが必要です。

さて、「木は火に弱い」というイメージが定着していますが、近年では木材が表面に出ていても火に耐えられることとの研究が進み、建築基準法でも木造の防火性能を正しく評価しようという動きがみられます。２００４年には国土交通省告示「伝統的工法による外壁や軒裏の構造方法」が出され、一定の条件を満たせば、軒裏に木部を現したり、土壁や蔵づくりで外壁を仕上げて防火構造や準耐火構造ができることになりました。木材は、ある程度以上の厚みがあれば、火で焦がされた表面部分が断熱材の役割を果たし、それより内側が燃えていかないという特性を活かすものです。こうした特性を利用した設計を「燃え代《しろ》設計」といい、味わいのある街並みが形づくられることも期待されています。

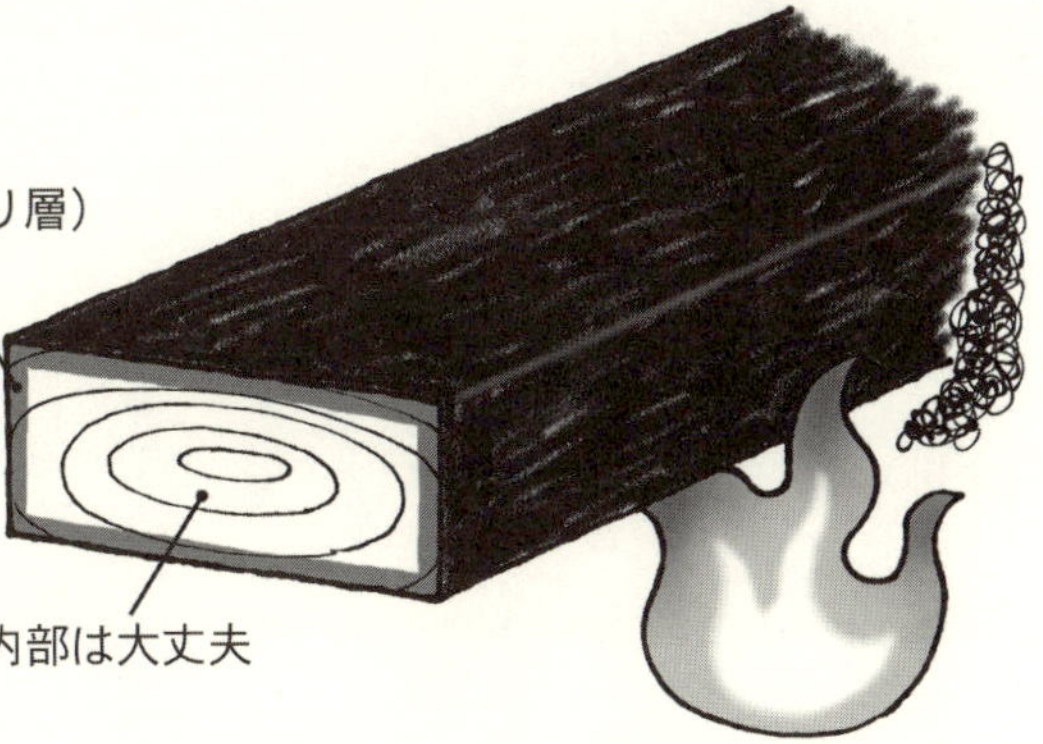

木造の研究が進んでいる

隣家からのもらい火は請求できない!?

もし隣家から出火して自分の家が燃えても、失火の原因が隣家の重大な過失である場合を除き、隣の人に損害賠償を請求できません。それで、自分の家からの出火だけでなく、隣家からの延焼火災に備えて、各自が火災保険を契約しておいたほうがよいといえます。

とはいえ、実は火災発生のうち、出火原因の1位は放火。2位以降、タバコの不始末、焚き火、コンロと続きます。5位に放火の疑いがあり、圧倒的な件数です。防犯への意識を高めることが、火災の発生を抑える最大の策かもしれません。

オープンキッチンの落とし穴!? インテリアの選択幅が狭くなることも

chapter 5
7

キッチンは仕上げなどに制限を受ける

もしも、自分の家の中で火災が発生したら。室内で起こりうる火災に対して、建築基準法では「**内装制限**」が定められています。これは、インテリアの材料を防火性能のある材料で仕上げることで、着火や延焼を防ぐように規定したものです。内装制限の規定の対象となる部屋は、一般的な家では火器を使用するキッチンです。ただし、2階建ての家で1階にあるキッチンなど、最上階以外の階にあるキッチンに限られます。平屋建てや2階建て・3階建ての家で最上階にキッチンがある場合、またRC造の家などでは、キッチンでも内装制限がかかりません。内装制限を受けるキッチンでは、壁と天井の仕上げを不燃材料または準不燃材料という国土交通大臣により認定された材料にしなければなりません。例えば、キッチンの天井仕上げで気に入ったクロスがあったとしても、不燃性能がなければ貼ることはできません。火は上に燃え広がるため、床は対象外とされています。

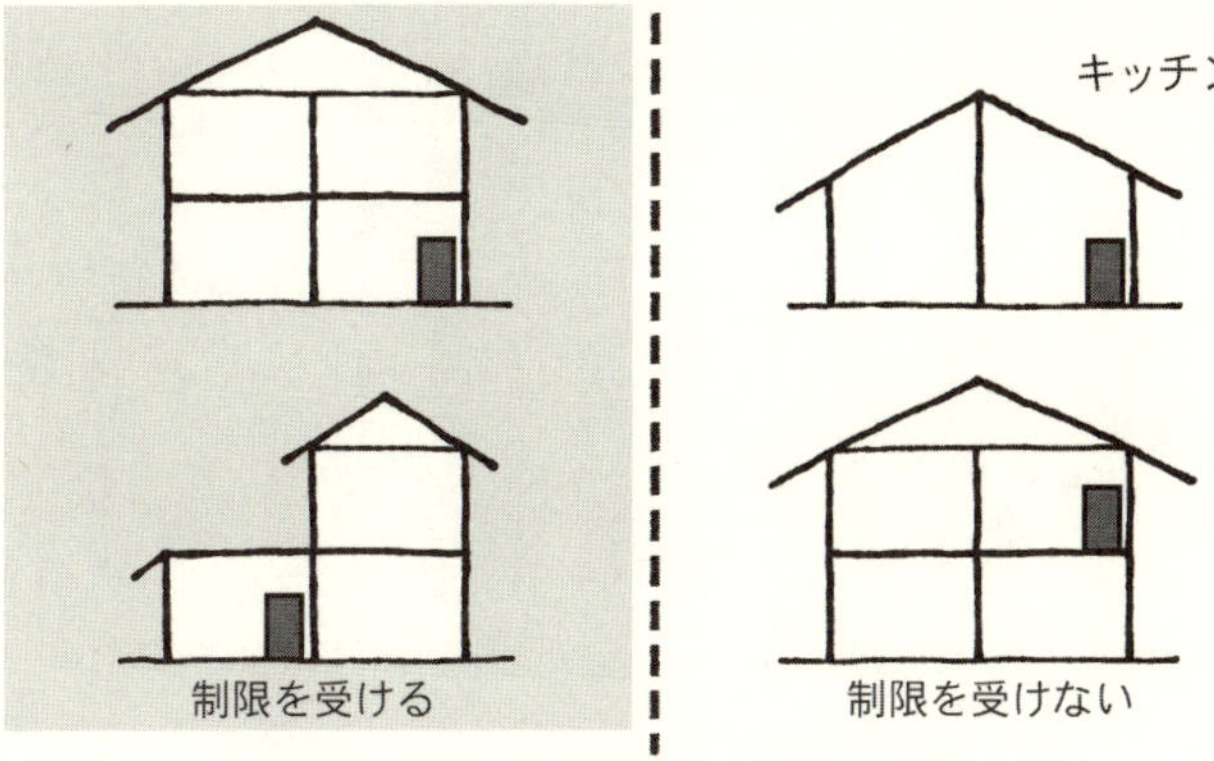

キッチンのある部屋の位置によっては
仕上げに制限を受けることがある

気をつけなければならないのは、オープンキッチンの場合です。キッチンとダイニングやリビングとつなげて部屋を一体にする場合には、ダイニングやリビングも内装制限を受けるからです。そうしたケースで「リビングの天井に無垢の木を張りたい」といっても、叶いません。ただし、キッチンと他の部屋を壁や扉で隔てない場合でも、コンロなどから一定距離をとった位置に、天井から50cm以上の不燃材料の垂れ壁をつくれば、内装制限の対象はキッチンだけとすることができます。意匠的に垂れ壁がイヤという場合は、同じ寸法のガラスでつくることも可能です。

また、ガスコンロまわりでは、法令や消防法にもとづく市町村条例で細かい規定が設けられています。例えば、ガスコンロの上方80㎝以上、左右15㎝以上、前後15㎝以上は仕上げを不燃材料とする必要があります。また、レンジフードは一般的な家庭向きのものであれば、取り付け位置はコンロトップから80㎝以上1ｍ以内とされています。これらの寸法はシステムキッチンであれば織り込み済みで確保されているのですが、特注でガスコンロやレンジフードなどを組み合わせる場合やリフォームで部分的に替える場合などには注意しましょう。コンロまわりの壁をステンレスやタイル仕上げとすることがありますが、下地には合板ではなくフレキシブルボードなどの不燃下地を使い９㎜以上にします。また、キッチンの窓にカーテンやブラインドを設ける場合は、防炎品を選びます。

これまでの基準は、実はＩＨクッキングヒーターのことは考えられていません。ＩＨクッキングヒーターであれば器具から炎は出ないので、地域によって火気使用室の扱いをしない消防や役所もあるようですし、戸建住宅のキッチンでは条件によって内装制限が緩和されています。ただし、ＩＨクッキングヒーターでも調理で少量の油を加熱し続けて発火することもあるので、消防の指導によって内装制限を課される場合があります。またいずれにしても蒸気や煙はレンジフードで捕集する必要がありますが、ＩＨクッキングヒーターではガス器具での調理のように熱による上昇気流が生まれないので、吸気スピードを速くして効率的に補修できる製品などを各メーカーは開発し、販売しています。

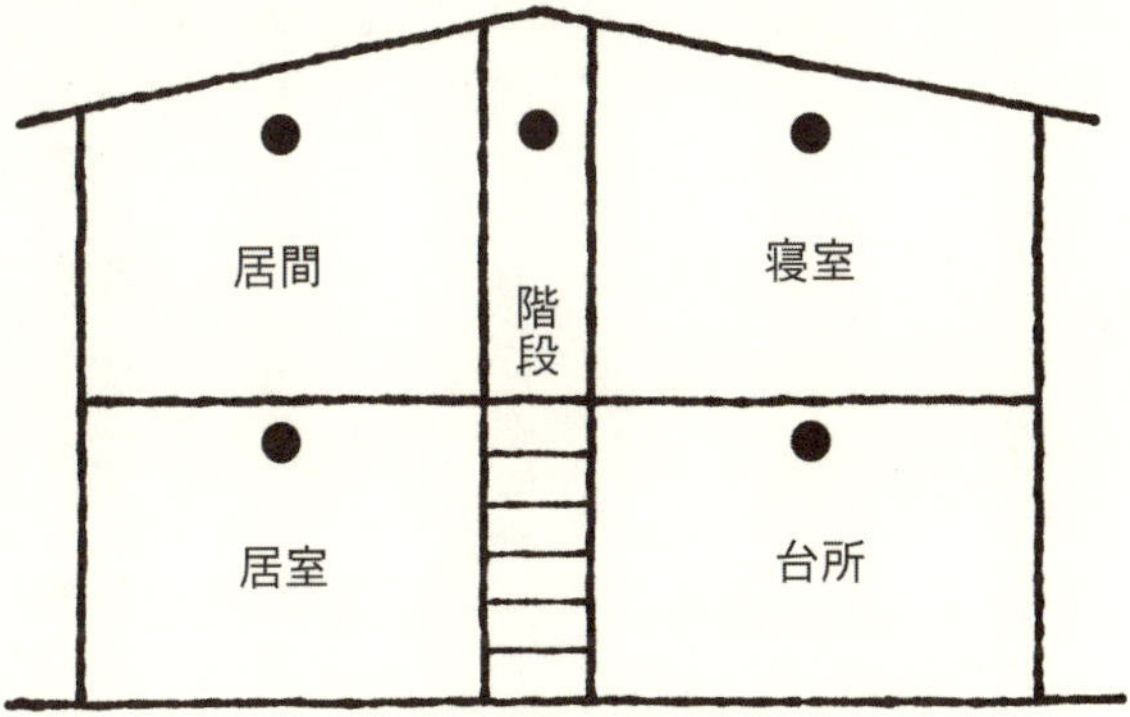

火災報知器を設置する場所の例
（自治体によって異なる）

火災警報器の設置は必須

現在では、**火災警報器をすべての家で設置することが義務付けられています。**２００４年からは新築・改築する家で義務付けられ、東京都では２０１０年から、すでに建っている家にも義務付けられています。火災発生時の逃げ遅れを防ぐためで、キッチンや寝室などに設置します。

熱を感知するタイプと煙を感知するタイプの２種類があり、キッチンでは熱感知器、その他のところでは煙感知器を選びます。火災警報器は火災時に熱や煙を速やかに感知する必要があるため、エアコンを１・５ｍ以上離すなど取り付け位置は細かく定められています。

chapter 5
8

台風などの強風に備えるには？屋根が飛ばない工夫も必要

わざわざ日本列島をなぞるように通って行く台風。台風の巨大化が進むことが懸念される昨今、家の耐風性も気になるところです。家に吹き付ける風は、風圧力となって建物を水平に変形させます。建築基準法では構造計算で必要となる風圧力が地域ごとに定められていて、風圧力と地震に対して必要な耐力壁の量を計算し、耐力壁を適切に配置することが求められています。耐震性が高ければ、耐風性も高いというわけです。

ただし、台風の風による建物への力のかかり具合は複雑です。また、建築基準法では竜巻のような突風に対する耐風性は考慮されていません。屋根には軒下から強い風が吹き上げることもありますし、屋根に横から強い風が当たるときには負圧が生じて屋根が上に引っ張られ、屋根が飛んでいってしまうこともあります。屋根が飛ばないようにするには、あおり止めの金物を庇や屋根の垂木に付ける、引張り耐力の大きな釘を用いる、軒の出を抑える、屋根材を重くするといった対策が考えられます。しかし、耐風性という観点では屋根材は重いほうがよいのですが、耐震性という観点では屋根材は軽いほうが有利です。

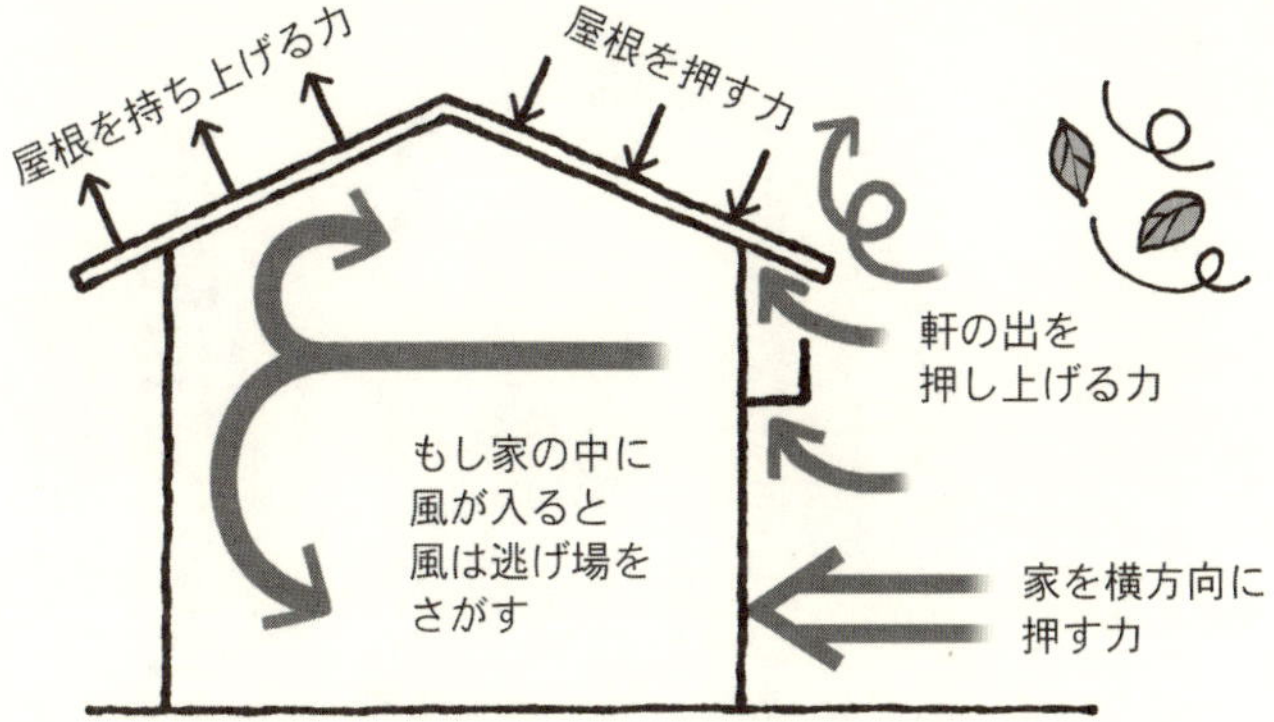

住宅にかかる風の力

大きな台風が通過した後は、家の不具合を確認するよい機会です。屋根や外壁まわりを見て外傷がないか、室内では屋根や外壁、開口部などからの雨漏りがないかを確認して回りましょう。台風による強風や突風・竜巻で被災した家屋や家財には、火災保険から保険金がおりることもあります。例えば、近隣の家の屋根瓦が飛んできて自宅の壁が壊れたときなどです。また、自然災害などによる家屋の損害については、被災者生活再建支援制度にもとづいて支援金が支給されますので、保険金請求とあわせて申請しましょう。火災保険から支払われる保険金とは別に、基礎支援金として全壊世帯に100万円など、最大300万円の支援金を受給することができます。

chapter 5
9

当たり前のインフラが途絶えたら。冷静に原因を解明のうえ早急な対処を

電気のトラブルと対処法

普段はほとんど意識せずに使っている電気・ガス・水道のインフラですが、いざ止まると日常生活でやはり欠かせないことに気づきます。家の電気・ガス・水道について、トラブルとその予防策や対応策をおさらいしておきましょう。

台風や落雷、事故などによって電力会社の設備が故障し、停電することがあります。電気がつながらず困ったときには、まずは電力会社に連絡します。しかし、一帯で電気が止まっているときは電話が集中してつながらないことも。電力会社のウェブサイトには停電に関してリアルタイムとまではいきませんが、停電の地域や軒数、復旧見込み時刻などの状況が提供されます。ただし、停電時はパソコンやＷｉ‐Ｆｉが使えません。光回線やＣＡＴＶ回線などを使用したＩＰ電話も使えなくなります。スマートフォンでウェブサイトを確認するのがよいでしょう。停電に関する情報をチェックできるアプリもあります。

一部屋のブレーカーが落ちたら
原因を解消してブレーカーを上げる

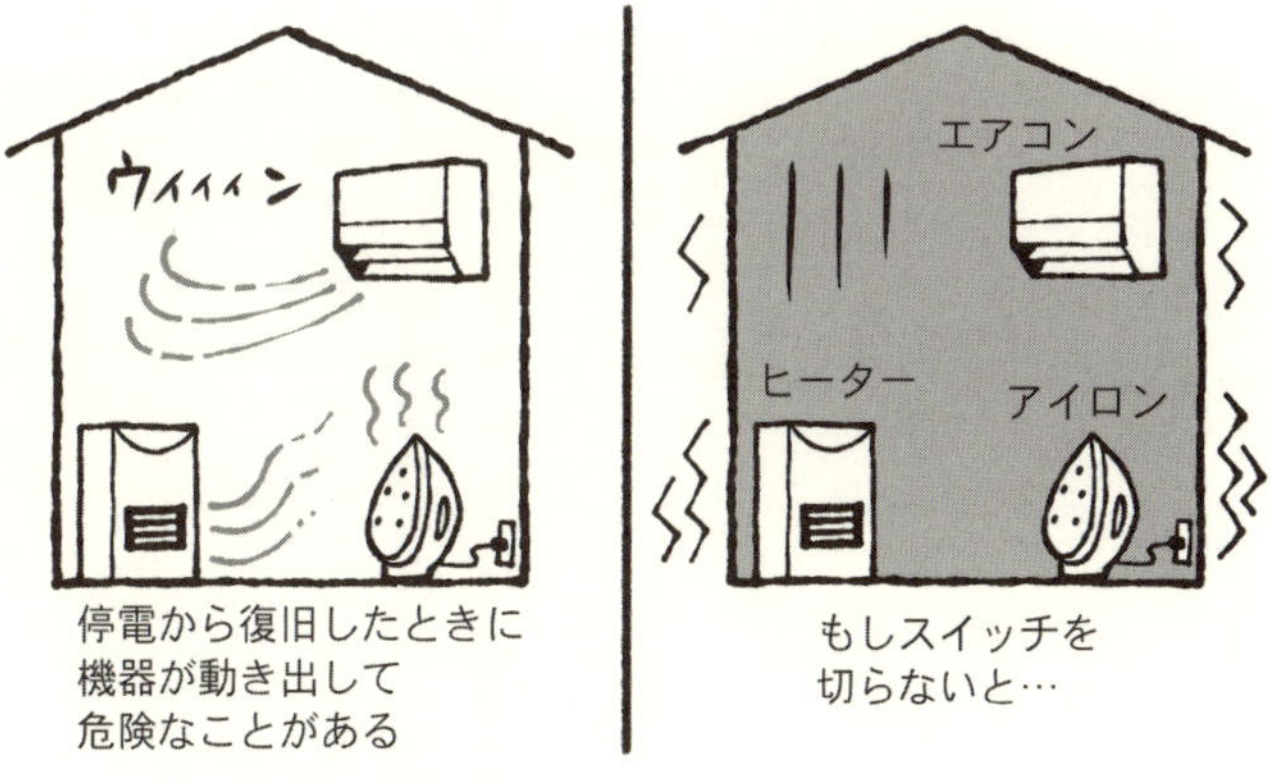

停電から復旧したときに
機器が動き出して
危険なことがある

もしスイッチを
切らないと…

地震等の停電時は機器のスイッチを切っておく

電気が一部屋だけ落ちた場合は、配電盤を開け、回路ブレーカーが下りているかを確認します。電気が落ちた部屋でコンセントからプラグを抜き、使用する電気製品の数を減らしたうえで下りている回路ブレーカーを上げます。エアコンやホットプレートなど多くの電流を必要とする電気製品には、延長コードを使わずに専用コンセントを設けるほうがよいので、配線の増設などについて電気工事店に相談します。**家中の電気が落ちた場合は、停電でなければ配電盤の中のメインブレーカーが下りているはずです。**回路ブレーカーのほうもすべて下ろしたうえでメインブレーカーを上げ、回路ブレーカーを一つずつ上げていきます。途中でメインブレーカーがまん中の位置に下りたら、その回路が不良ということです。配線の点検のため、電気工事店に相談します。ブレーカーがよく落ちるようであれば、契約している電気容量の変更を行います。

電気に起因する火災の原因の多くは、コンセントに挿し込んだプラグが緩かったり、電線の接続部分での不良があったりで電流の抵抗が大きくなり、発熱することによります。また、長い間コンセントに挿したプラグの根元にホコリと湿気が溜まって発熱し、発火に至るケースもあります。プラグをコンセントから時々抜いてホコリを拭き取りましょう。

古い家でコンセントにプラグを挿しても電気製品が使えないという場合は、漏電や断線が考えられるため、早急に電力会社や電気工事店に相談します。ネズミが電線をかじったことが原因となることもあり、ネズミの活動が活発な場合は駆除業者に依頼しなければなりません。

ガスと水道のトラブルは業者とともに原因を探る

ガスはもともと無臭ですが、ガス漏れをした場合に気付くように匂いが付けられています。もしガス漏れがあれば、戸を開けてガス栓を閉めたうえでガス会社に連絡を。火をつけたり、換気扇や電気のスイッチに触ったりすることは絶対に避けます。火花による引火を防ぐためです。外に設置してあるガスメーターが自動的にガスを止め、**すべてのガス器具が使えない場合は、再びガスを使えるように復帰の操作をします。**

お湯が出ない時は、給湯器が故障している場合があります。給湯器の寿命は、一般的に10~15年程度といわれています。調子が頻繁に悪くなるようであれば、高効率ガス給湯器への買い替えを検討したほうがよいかもしれません。家族構成が変わってお湯を使う量が多くなっていれば、給湯器の号数を増やすことも検討します。なお、ガス給湯器の号数は「水温+25℃」のお湯を1分間に何リットル出せるかを示しています。号数が大きいほど一度に大量のお湯を使うことができ、4人家族であれば24号程度が目安とされています。

水が出ない場合、また水道の使用量が急に増えた場合などは、水道管からの漏水が考えられます。水道工事店や水道局の指定給水工事事業者に連絡し、確認と修繕を依頼します。道路に埋設された配水本管や給水管は水道局負担となりますが、庭に埋設してある水道管など、宅地内のメーターから内側の漏水修理は、それぞれの家の負担になります。

平時より心がけておきたい災害時の対応

大地震などが発生し、電気・ガス・水道の供給が止まることもありえます。**電気が止まり、家を離れなければならない場合は、配電盤のメインブレーカーを落としておきます。**できれば、コンセントから電気製品のプラグを抜いておいたほうがよいでしょう。電気が復旧する際、電気ストーブやオーブントースター、照明器具などが火元になったり、傷ついたコードがショートしたりして「**通電火災**」が起こる可能性があるからです。

ガスも二次災害を防止するため、大地震では揺れがおさまった後に使っていたコンロなどの火力調整つまみを消火位置にし、**ガスの元栓コックを閉じます。**プロパンガスの場合は、屋外の容器バルブも閉めます。ガス漏れから引き起こされる引火を避けるためです。

水道は、復旧に時間がかかるインフラです。断水した場合には応急給水拠点や給水活動が行われますが、飲み水は1人1日3リットル必要といわれ、常備の目安となります。また、トイレ用水として浴槽などに水を確保しておくことも大切です。

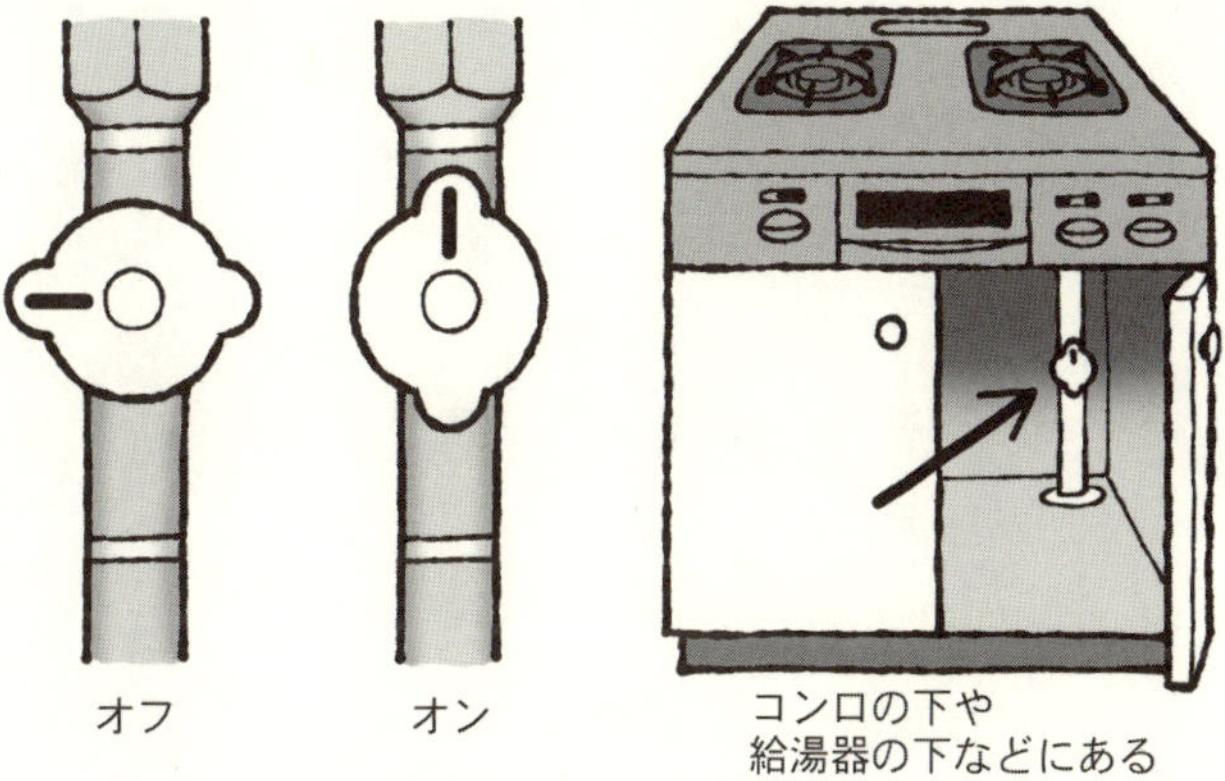

ガスの元栓の位置とオン・オフ

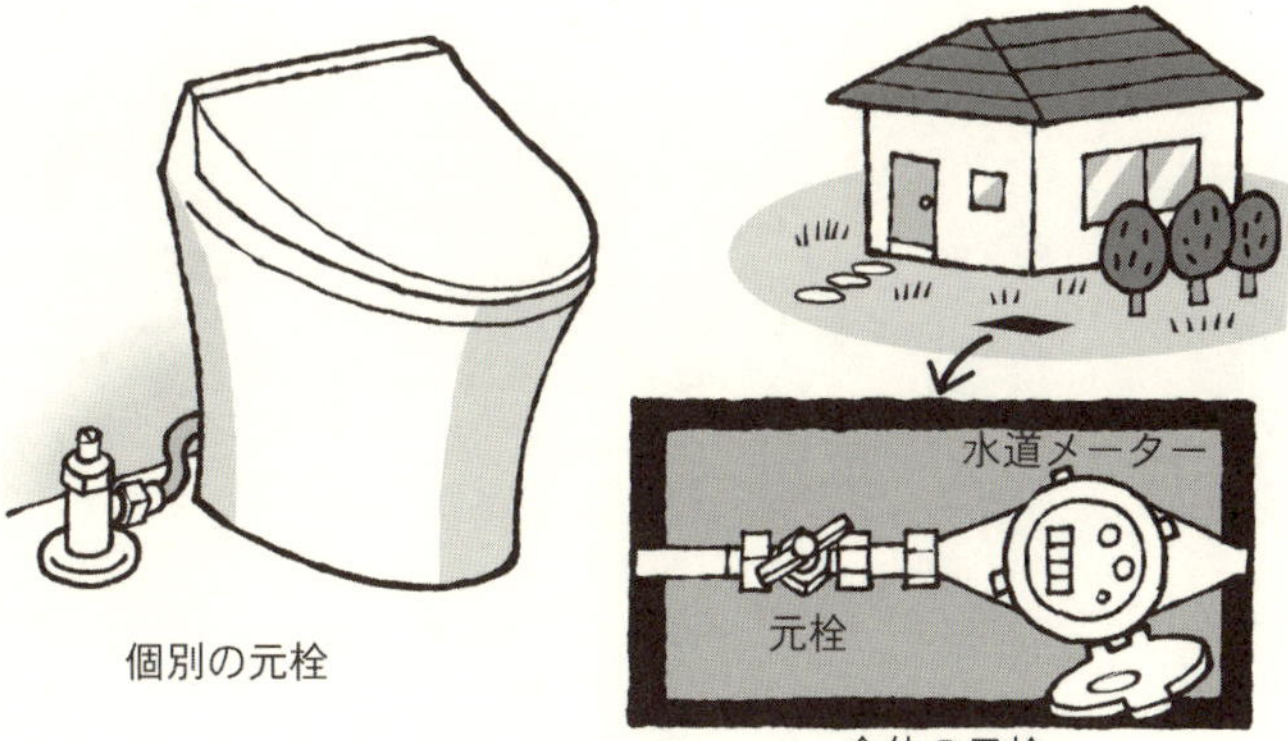

水道の元栓の位置

chapter 5
10

家をスムーズに納得して売るには？仲介業者の特徴と進め方を知る

仲介業者を選ぶ際の基準

何らかの事情で自分の家を売るとなると、買うとき以上に迷ってしまうかもしれません。通常は不動産仲介業者に依頼しますが、投げ込みチラシで目にした業者や、知人友人に紹介された業者に査定を依頼し、内容を比較検討するのが一般的でしょう。現在はネットで、複数の業者に一括して査定依頼できるサービスもあります。家の買い換えで次に購入する住まいがすでに決まっているのであれば、購入先の不動産会社を選ぶのも一つの手です。今の家が売れなければ業者の物件契約とはならないので、販売活動に力が入ることが見込めるからです。また、購入代金の支払いと売却代金の受け取り時期の調整などを丁寧にしてもらえるメリットもあります。

不動産業者は、同じようでも得意・不得意とする分野があります。ディベロッパーとして開発し販売を行う分譲業者や、中古物件を買い取ってリフォームして再販する買取再販

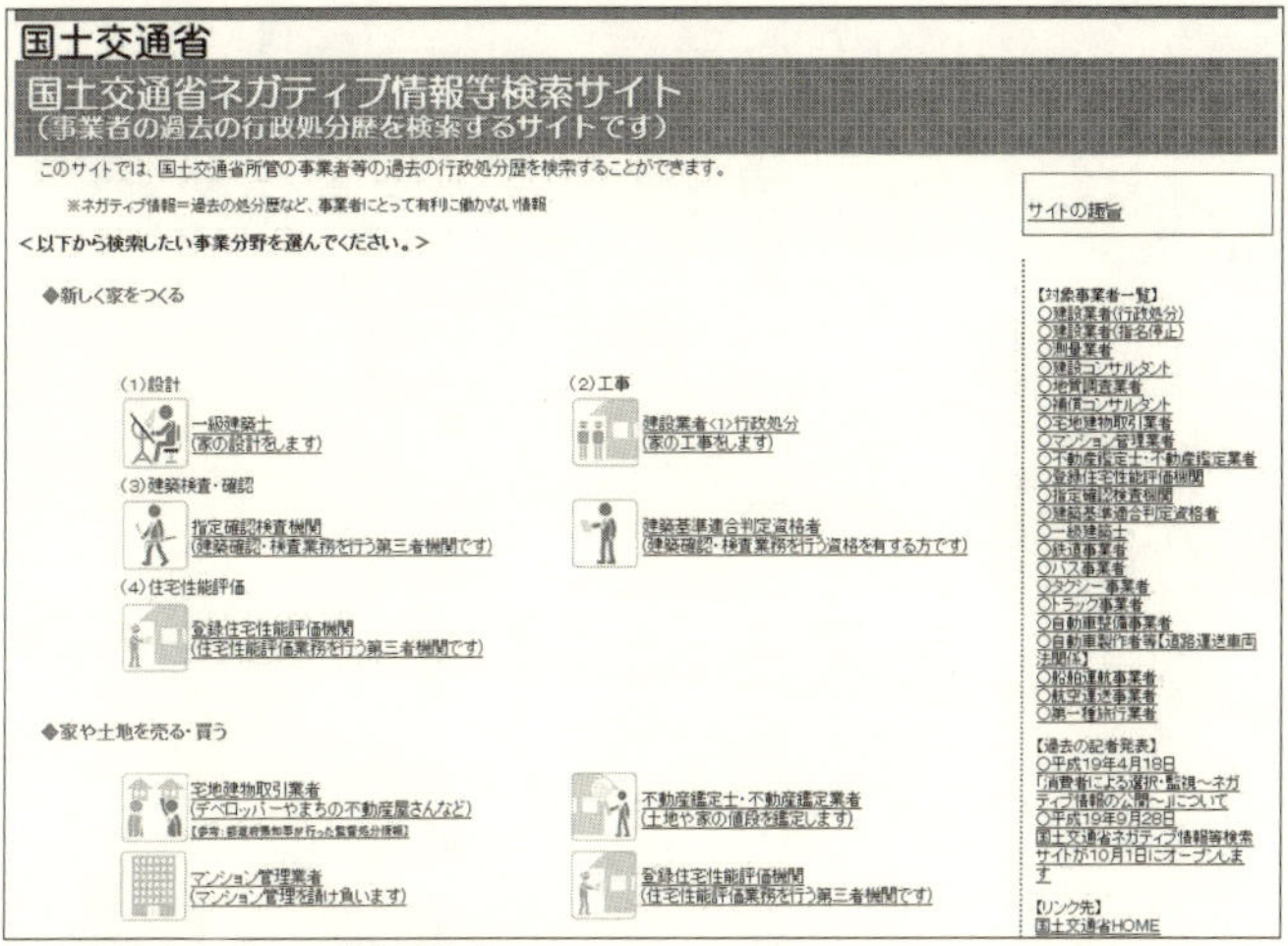

国土交通省ネガティブ情報検索システム

業者などもありますが、家の売却を依頼するのであれば、売買物件の仲介業務を中心に行う媒介業者がよいでしょう。その中でも、戸建住宅や土地を主に扱う業者、中古マンションに特化した業者などがあります。依頼先を検討する際には、主な取り扱い業務内容とこれまでの実績について聞いておきましょう。

　不動産業者を選ぶ際に参考になるのは、宅地建物取引業者（宅建業者）の免許番号です。この番号を見ることで、免許の更新回数から営業年数、複数の店舗があるかどうかが分かります。また、その業者が過去に行政処分を受けたかどうかという履歴が「国土交通省ネガティブ情報等検索システム」（http://www.mlit.go.jp/nega-inf/）

で検索することができます。

仲介の契約を業者とする際には、一般媒介契約・専任媒介契約・専属専任媒介契約の3種類から選びます。一般媒介契約では、複数の業者との同時契約が可能となり、売り主が自分で買い手を見つけることもできます。より多くの人の目に触れる可能性は高くなるでしょう。専属専任媒介契約では契約は1社だけで、売り主が自分で買い手を見つけることはできません。ただし、業者は1週間に1回以上、売却の状況について報告しなければならないなどの制約があり、積極的に売却活動を進めてもらえる可能性があります。

片手か両手かで販売の進め方が変わることも

仲介手数料の上限額は、取引額が400万円を超える場合は取引額の3%+6万円+消費税と定められています。相談から売却までの期間は平均で半年と、意外と時間がかかるもの。依頼先はじっくりと検討し、早めに相談したいものです。主な違いは売り出し額の設定の具合、そしてできるだけスムーズに実際に売れるか、ということになるでしょう。

最近になって週刊誌が報じたことから注目を集めているのが、大手不動産仲介業者による中古住宅の「囲い込み」が常態化しているという話題です。売り主から物件を預かった会社が、同業他社による買い主紹介をブロックして情報を出さないというもので、宅地建

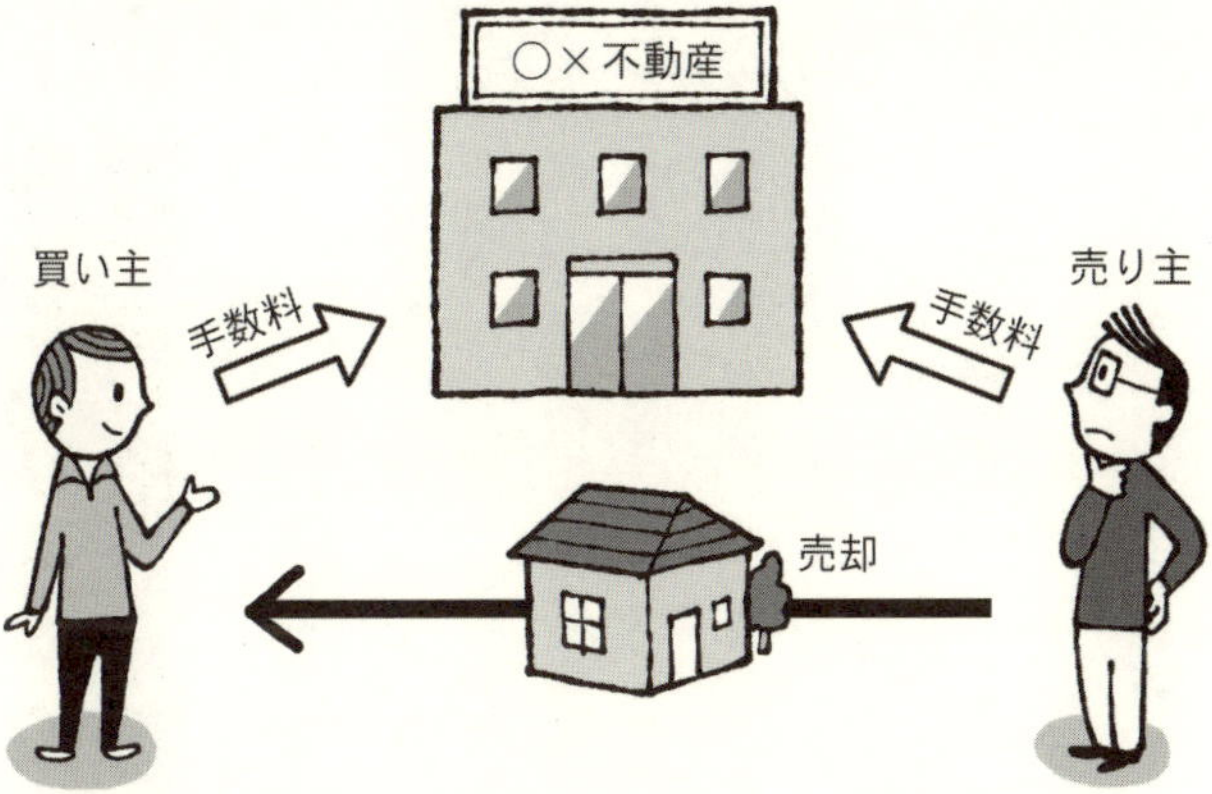

両手仲介は業者には有利だが売り主にはデメリットも…

物取引業法で禁止されている行為です。こうするのは、主に業者が自社だけで売買契約をし、仲介手数料を売り主からも買い主からも得たいため。このいわゆる「両手仲介」自体は違法ではなく、中古住宅購入の需要が高く、高値で取引される物件が多い都市部の物件では特に多いといわれます。
売り主と業者との信頼関係が厚く、業者に付いているよい買い主が見込まれる場合にはメリットがありますが、売り主としては家の情報がより多くの人の目に触れて早く金額を落とさずに売りたい心情があり、業者が両手にこだわるあまり自分の家の情報を囲い込まれてはデメリットになってしまいます。両手仲介を排した合理的なサービスを前面に出す業者も現れてきました。

chapter 5
11

建物の状態をクリアにしておくことが適正価格で売るための近道

マンションに比べると、戸建住宅の査定や売却は簡単ではありません。敷地の状況や建物の構造や築年数は一つ一つ違いますし、メンテナンスの経緯や外から見えない不具合に至っては実際のところは不動産業者もよく分からないことがほとんどです。高額な売買にしては何枚かの物件情報と現地案内だけという判断材料だけで、感覚的な良し悪しで契約に至っているのが実情です。売り主にとっても買い主にとっても、中古住宅売買にまつわる不安を解消し、合理的に売却できるための仕組みが整えられつつあります。

その一つが、住宅の状態を診断する「インスペクション（建物検査）」です。専門家が屋根・外壁・基礎の状態を確認するほか、シロアリ被害に遭っていないか、建物は傾斜していないかなどを確認します。また小屋裏や床下などの状況から建物の劣化具合をチェックします。「なぜ売る前にわざわざ面倒なことをお金を払ってまでするのか」と思われる方もいそうですが、売り主の認識していない不具合が建物の主要な部分に発生した場合には、買い主に対して瑕疵《かし》担保責任が発生します。この場合は引渡しから3カ月間は、売り

建物の売却時には建物の状態の診断を

主の責任で瑕疵に対する修復を行わなくてはなりません。売り主がインスペクションを通じて建物の状況を把握していれば買い主に報告でき、無用なトラブルが起こるリスクを軽減できます。買い主にとっても、建物の状態や特性が分かり、購入後のリフォームの参考にできるのはメリットです。売り主は検査と合わせて、隠れた瑕疵が引き起こす損害を補償する「既存住宅売買瑕疵保険」に入ることも安心材料となります。

また、新築や修繕、リフォームなどを、いつ・誰が・どのように行ったかを記録する「住宅履歴情報（いえかるて）」も、売却で活用できます。個人で記録を残しておくほか、履歴情報の蓄積・活用を支援するサービス機関もあります。

chapter 5
12

建て替えには仮住まいと解体が必要。押さえておくべき費用と時間は？

住み慣れた土地で家を建て替える場合、間取りなどの設計打ち合わせをするまでと、地盤の調査をして建物の工事をしていくことは、更地で新築するのと変わりありません。しかし建て替えではその「間」があり、これが意外と面倒で手間とお金がかかります。

まず、仮住まいを探さなければなりません。できれば近所で、半年程度と短期間で。あまり広い必要はありませんが、家族がストレスなく暮らせる広さと部屋数で。条件に合う物件は限られますから、早めに探しておくことが必要です。仮住まい先が決まれば、引っ越しです。引っ越しは不要なモノを捨てる絶好の機会。トランクルームも活用できます。

次に近隣挨拶をしてから、既存の家の解体作業が始まります。解体費用の目安は、木造住宅で坪あたり2～4万円。30坪であれば100万円前後とみておきます。解体費用は、前面道路の幅や工事車両の駐車スペースの有無、作業性の良し悪しなど物件ごとの条件によって変わります。できれば、複数の業者に見積もりをとるとよいでしょう。解体の内訳は、解体作業費、周りにホコリや破片が飛散するのを防ぐ養生費、廃棄物処分費、その他

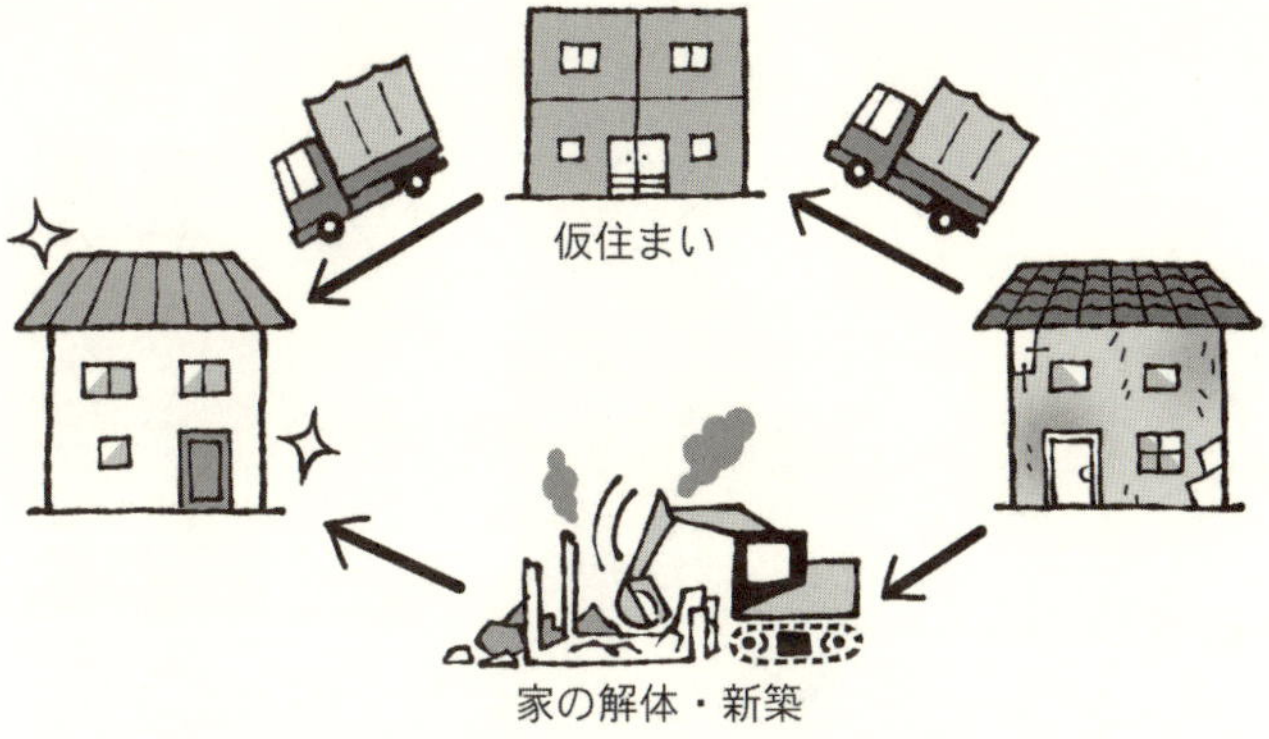

住宅の建て替え期間・費用の見積もりは慎重に

事務費用などです。新居で不要になる家具などの処分は含まれません。解体時の処分は産業廃棄物として扱われるので、家庭用粗大ごみよりも割高になります。引っ越し日から余裕をもって管轄の清掃事務所や粗大ごみ受付センターに連絡しましょう。また、解体すると地中に埋まっている「何か」が出てくることもあります。昔の家で使われた瓦や端材、その他諸々。「何か」の内容によって費用は変わりますが、これらの処分費は別途かかります。解体の期間は一般的に10日～2週間ほどがとられます。

解体後は1カ月以内に、取り壊した建物の「滅失《めっしつ》登記」を法務局で行います。これは司法書士に依頼するか、自分で窓口で聞きながら手続きすることも可能です。

chapter 5
13

新築だけでなく、中古住宅にも目を向けよう。中古住宅を購入することのメリットとは

大規模リフォーム＝リノベーションにあらず

自分たちらしい暮らしを求めて、新築を求めるよりも中古住宅を購入して**リフォームや****リノベーション**をする人が増えています。ビフォー・アフターを見せるテレビ番組や、リノベーション特集をする雑誌などの影響も少なからずあるようです。２０００年代に入ると、施設などで使われていたリノベーションという言葉が住宅でも使われるようになりました。リフォームやリモデルという言葉もありますが、単なる改修より大規模な工事をリノベーションということが多いようです。水まわりや機器などを刷新し、耐震や断熱を含めた改修を行い、時には間取りを変えて家族独自のライフスタイルに応える。総体的に、現代的な住まいにアップデートして快適な暮らしを実現しようというものです。

さて、中古住宅の購入にはいくつかのメリットがあります。まず、新築に比べると安いこと。新築分譲住宅は誰かが住んだ瞬間に価格が15～20％程度落ちるといわれています。

すでに建っている中古住宅なら
実際の日当たりや環境を見ることができる

土地と建物の価格以外に、開発経費や広告宣伝費、営業活動費などがかけられていることが一つの要因です。また、**既存の状態をよく観察できることは利点です。**日当たりや風通しを含めた建物の状況に加えて、近隣住民や周辺環境の情報も、新築より格段に分かります。そして、住みたいエリアが決まっているのであれば、分譲よりも中古住宅のほうが物件が出やすくバリエーションが豊富です。加えて、仕上げや部材を刷新するのであれば、自分好みにしやすいといえます。

中古住宅購入＋リフォーム工事にかかる費用をローンで支払う場合、以前は住宅ローン＋金利の高いリフォームローンと、別々に組む必要がありました。現在では、それらをまとめて組むことができる一体型住宅ローンを扱う金融機関が増えています。低金利で審査や手続きが簡素になることは、リノベーション派にとって大きな追い風です。

戸建てリフォームでは構造躯体に注意

大掛かりなリフォームをする場合の注意点を挙げてみましょう。まず、見た目の綺麗さだけを求めてはならないということです。年数の経った物件や住まい方によっては、例えば壁を剥がしてみると構造躯体が傷んでいることもあり、そうした場合はしっかりと修繕しておかなければなりません。合わせて、耐震性が不足しているようであれば耐震補強をする必要があります。また、間取りを変えたいからといって、むやみに壁や柱を撤去してはいけません。耐力壁のバランスが崩れ、耐震性が著しく落ちることがあるからです。

壁を剥がして改修を施す場合は、断熱をし直すと快適性が向上します。発泡断熱材の吹き付けやパネル状の製品なども使いやすいでしょう。窓を断熱性の高いものに替えることも効果的ですが、大きさを変えたり位置を変えるには窓まわりの防水をし直す必要があり、外壁の張り直しも含めた大掛かりな工事となります。不足する点を現代の技術や材料で補いながらも、既存の家にある魅力を積極的に見出す。そして家族独自の感性と融合させることで、中古住宅は深みがあり満足する住まいとして生まれ変わるでしょう。

〈参考文献〉

『コンパクト建築設計資料集成〈住居〉』(社団法人日本建築学会編、丸善刊)
『家づくり究極ガイド』(エクスナレッジ刊)
『間取りの方程式』(飯塚豊著、エクスナレッジ刊)
『「間取り」で楽しむ住宅読本』(内田青蔵著、光文社刊)
『図説日本住宅の歴史』(平井聖著、学芸出版社刊)
『図説・近代日本住宅史』(内田青蔵・大川三雄・藤谷陽悦著、鹿島出版会刊)
『五一C白書—私の建築計画学戦後史』(鈴木成文著、住まいの図書館出版局刊)
『新編 住居論』(山本理顕著、平凡社刊)
『台所空間学』(山口昌伴著、建築資料研究社刊)

著　者

加藤 純（かとう・じゅん）

1974年生まれ。建築ジャーナリスト／ライター・エディター。

1997年東京理科大学工学部第一部建築学科卒業、'99年同工学研究科建築学専攻修士課程修了。歴史研究室在籍時は、同潤会アパートメントなど日本の戦前期における集合住宅の復原的研究を行う。株式会社建築知識（現・エクスナレッジ）月刊「建築知識」編集部を経て、2004年よりフリーランス。出版物やWEBコンテンツ等の企画・編集に加えて、一般誌・専門誌を問わず主に建築・住宅・インテリア分野での執筆を行い、建築の面白さと奥深さを広く伝える。

※本書は書き下ろしオリジナルです。

JIPPI Compact

じっぴコンパクト新書　261

住《す》んでいるのに全然《ぜんぜん》知《し》らない!?
「住《す》まい」の秘密《ひみつ》〈一戸建《いっこだ》て編《へん》〉

2015年8月15日　初版第1刷発行

著　者……………………加藤 純
発行者……………………増田義和
発行所……………………実業之日本社
〒104-8233　東京都中央区京橋3-7-5　京橋スクエア
電話（編集）03-3535-2393
　　（販売）03-3535-4441
http://www.j-n.co.jp/
印刷所……………………大日本印刷株式会社
製本所……………………株式会社ブックアート

ISBN978-4-408-11148-3（学芸）